Le Voyage de Monsieur Perrichon

Eugène Labiche

Notes, questionnaires et dossier Bibliocollège
par Stéphane GUINOISEAU,
agrégé de Lettres modernes,
professeur en collège

Crédits photographiques
pp. 4, 5, 8, 32, 37, 75, 113, 160, 165, 169, 172, 190 : © Photothèque Hachette Livre.
pp. 13, 20, 81, 91, 139 : © Agence Enguerand/Bernand. **pp. 27, 51, 117 :** © Agence P.
Gely/Bernand.

Conception graphique
Couverture : *Laurent Carré*
Intérieur : *ELSE*

Mise en page
Médiamax

Illustration des questionnaires
Harvey Stevenson

ISBN : 978-2-01-168958-0

© HACHETTE LIVRE, 2004, 43, quai de Grenelle, 75905 PARIS Cedex 15.
www.hachette-education.com
Tous droits de traduction, de reproduction et d'adaptation réservés pour tous pays.

Le Code de la propriété intellectuelle n'autorisant, aux termes des articles L.122-4 et L.122-5, d'une part,
que les « copies ou reproductions strictement réservées à l'usage privé du copiste et non destinées à
une utilisation collective », et, d'autre part, que « les analyses et les courtes citations » dans un but
d'exemple et d'illustration, « toute représentation ou reproduction intégrale ou partielle, faite sans le
consentement de l'auteur ou de ses ayants droit ou ayants cause, est illicite ».
Cette représentation ou reproduction, par quelque procédé que ce soit, sans l'autorisation de l'éditeur
ou du Centre français de l'exploitation du droit de copie (20, rue des Grands-Augustins, 75006 Paris),
constituerait donc une contrefaçon sanctionnée par les articles 425 et suivants du Code pénal.

Sommaire

Introduction 5

LE VOYAGE DE MONSIEUR PERRICHON

Texte intégral et questionnaires

Acte I 8

Acte II 37

Acte III 75

Acte IV 113

Retour sur l'œuvre 144

DOSSIER BIBLIOCOLLÈGE

Schéma dramatique 150

Il était une fois Eugène Labiche 152

Vivre au temps de M. Perrichon 161

Texte théâtral et comédie 173

Groupement de textes : « Physionomies bourgeoises
du XIXe siècle » 182

Bibliographie et filmographie 191

Eugène Labiche photographié par Nadar.

Introduction

« Pendant 25 à 30 ans, il a été le rire de la France, il a régné sur notre gaieté » écrivait Émile Zola à propos de Labiche. Et l'auteur du cycle romanesque des *Rougon-Macquart*, vaste panorama d'une vingtaine de romans consacrés au Second Empire, ajoutait, à propos du *Voyage de Monsieur Perrichon* : « Nous ne sommes pas là dans une comédie d'intrigue, mais nous nous trouvons en pleine analyse humaine. » Après le triomphe du *Chapeau de paille d'Italie*, en 1851, Eugène Labiche est devenu le maître du vaudeville, cette comédie légère mêlée de couplets chantés, en ces années où Napoléon III règne sur la France. Mais si les vaudevilles ont procuré à notre auteur une célébrité qui doit beaucoup à l'habileté de ses intrigues et à la verve de ses dialogues, Labiche souhaite désormais se consacrer à des comédies plus élaborées, plus complexes aussi, qui allieront étude des mœurs bourgeoises et analyse d'un caractère particulier incarné dans un

personnage central. Dans la grande tradition moliéresque, celle de *Tartuffe*, du *Bourgeois gentilhomme*, de *L'Avare* ou du *Misanthrope*, Labiche veut faire entrer les ridicules du bourgeois contemporain dans le théâtre comique.

Le Voyage de Monsieur Perrichon, créé le 10 septembre 1860 au théâtre du Gymnase, témoigne de cette ambition nouvelle. Au départ, une simple maxime de moraliste que Labiche a notée dans ses carnets et que Daniel énoncera à la fin de la pièce : « Les hommes ne s'attachent pas à nous en raison des services que nous leur rendons mais en raison de ceux qu'ils nous rendent. » Le personnage de Perrichon incarnera un mélange de bonhomie, de vanité et de couardise, à l'image de ces bourgeois prospères du Second Empire que notre nouveau Molière a décidé de railler parce qu'il les connaît bien. Comme l'écrit Labiche en 1880 : « Je me suis adonné presque exclusivement à l'étude du bourgeois [...]. Cet animal offre des ressources sans nombre à qui sait le voir, il est inépuisable. C'est une perle de bêtise qu'on peut monter de toutes les façons. Il n'a pas de grands vices, il n'a que des défauts, des travers, mais au fond, il est bon et cette bonté permet de rester dans la note gaie. » Comédie de caractère donc où se mêlent satire sociale et regard moraliste, *Le Voyage de Monsieur Perrichon*, avec son salon bourgeois, sa gare de chemin de fer et son tourisme alpin, inscrit aussi la modernité du Second Empire.

Laissons le dernier mot à Émile Augier, le premier préfacier du *Théâtre complet* de Labiche paru du vivant de l'auteur. La formule illustre au mieux, en effet, le charme tout particulier de ce théâtre souvent dédaigné mais jamais délaissé : « La gaieté coule de son œuvre comme un fleuve charriant pêle-mêle la fantaisie la plus cocasse et le bon sens le plus sordide, les coqs-à-l'âne les plus fous et les observations les plus fines. »

PERSONNAGES

PERRICHON
LE COMMANDANT MATHIEU
MAJORIN
ARMAND DESROCHES
DANIEL SAVARY
JOSEPH, *domestique du commandant*
JEAN, *domestique de Perrichon*
MADAME PERRICHON
HENRIETTE, *sa fille*
UN AUBERGISTE
UN GUIDE
UN EMPLOYÉ DU CHEMIN DE FER
COMMISSIONNAIRES
VOYAGEURS

La gare du chemin de fer de Lyon, à Paris.
– Au fond, barrière ouvrant sur les salles d'attente.
Au fond, à droite, guichet pour les billets.
Au fond, à gauche, bancs, marchande de gâteaux ;
à gauche, marchande de livres.

Scène 1

MAJORIN, UN EMPLOYÉ DU CHEMIN DE FER, VOYAGEURS, COMMISSIONNAIRES[1]

MAJORIN, *se promenant avec impatience* – Ce Perrichon n'arrive pas ! Voilà une heure que je l'attends... C'est pourtant bien aujourd'hui qu'il doit partir pour la Suisse avec sa femme et sa fille... *(Avec amertume.)*
5   Des carrossiers[2] qui vont en Suisse ! des carrossiers

---
notes

1. commissionnaires : porteurs.

2. carrossiers : industriels qui fabriquent des voitures (tractées par des chevaux à l'époque).

Acte I, scène 1

qui ont quarante mille livres de rente[1] ! des carrossiers
qui ont voiture ! Quel siècle ! Tandis que, moi, je gagne
deux mille quatre cents francs[2]... un employé laborieux, intelligent, toujours courbé sur son bureau...
Aujourd'hui, j'ai demandé un congé... j'ai dit que j'étais
de garde[3]... Il faut absolument que je voie Perrichon
avant son départ... je veux le prier de m'avancer
mon trimestre... six cents francs ! Il va prendre son air
protecteur... faire l'important !... un carrossier ! ça fait
pitié ! Il n'arrive toujours pas ! on dirait qu'il le fait
exprès ! *(S'adressant à un facteur[4] qui passe suivi de
voyageurs.)* Monsieur, à quelle heure part le train direct
pour Lyon ?...

LE FACTEUR, *brusquement* – Demandez à l'employé.

Il sort par la gauche.

MAJORIN – Merci... manant[5] ! *(S'adressant à l'employé qui
est près du guichet.)* Monsieur, à quelle heure part le train
direct pour Lyon ?...

L'EMPLOYÉ, *brusquement* – Ça ne me regarde pas ! voyez
l'affiche.

Il désigne une affiche à la cantonade[6] à gauche.

---

notes

1. quarante mille livres de rente : somme énorme à l'époque. C'est l'équivalent du salaire d'un ministre, réputé élevé pendant le Second Empire.

2. deux mille quatre cents francs : traitement annuel, soit 200 francs par mois. Salaire moyen sinon honorable (si l'on tient compte du fait qu'un revenu annuel de 5 000 francs est déjà considéré comme très bon).

3. de garde : il s'agit ici de la garde nationale à laquelle les citoyens devaient quelques journées pendant leur année.

4. facteur : employé chargé du transport des bagages.

5. manant : homme grossier.

6. à la cantonade : en désignant les coulisses.

MAJORIN – Merci... *(À part.)* Ils sont polis dans ces administrations ! Si jamais tu viens à mon bureau, toi !... Voyons l'affiche...

30 *Il sort par la gauche.*

Scène 2

L'EMPLOYÉ, PERRICHON,
MADAME PERRICHON, HENRIETTE

Ils entrent par la droite.

PERRICHON – Par ici !... ne nous quittons pas ! nous ne pourrions plus nous retrouver... Où sont nos bagages ?... *(Regardant à droite ; à la cantonade.)* Ah ! très bien ! Qui est-
35 ce qui a les parapluies ?...

HENRIETTE – Moi, papa.

PERRICHON – Et le sac de nuit ?... les manteaux ?...

MADAME PERRICHON – Les voici !

PERRICHON – Et mon panama[1] ?... Il est resté dans le
40 fiacre[2] ! *(Faisant un mouvement pour sortir et s'arrêtant.)* Ah ! non ! je l'ai à la main !... Dieu, que j'ai chaud !

MADAME PERRICHON – C'est ta faute !... tu nous presses, tu nous bouscules !... je n'aime pas à voyager comme ça !

PERRICHON – C'est le départ qui est laborieux... une fois
45 que nous serons casés !... Restez là, je vais prendre les billets... *(Donnant son chapeau à Henriette.)* Tiens, garde-moi mon panama... *(Au guichet.)* Trois premières pour Lyon !...

notes

1. panama : chapeau léger originaire d'Amérique Centrale, à la mode à partir de 1858.

2. fiacre : voiture à cheval qu'on louait à la course ou à l'heure.

Acte I, scène 2

L'EMPLOYÉ, *brusquement* – Ce n'est pas ouvert ! Dans un quart d'heure !

50 **PERRICHON**, *à l'employé* – Ah ! pardon ! c'est la première fois que je voyage... *(Revenant à sa femme.)* Nous sommes en avance.

MADAME PERRICHON – Là ! quand je te disais que nous avions le temps... Tu ne nous as pas laissées déjeuner !

55 **PERRICHON** – Il vaut mieux être en avance !... on examine la gare ! *(À Henriette.)* Eh bien, petite fille, es-tu contente ?... Nous voilà partis !... encore quelques minutes et, rapides comme la flèche de Guillaume Tell[1], nous nous élancerons vers les Alpes ! *(À sa femme.)* Tu as pris la 60 lorgnette[2] ?

MADAME PERRICHON – Mais oui !

HENRIETTE, *à son père* – Sans reproches, voilà au moins deux ans que tu nous promets ce voyage.

PERRICHON – Ma fille, il fallait que j'eusse vendu mon 65 fonds... Un commerçant ne se retire pas aussi facilement des affaires qu'une petite fille de son pensionnat... D'ailleurs, j'attendais que ton éducation fût terminée pour la compléter en faisant rayonner devant toi le grand spectacle de la nature.

70 **MADAME PERRICHON** – Ah çà ! est-ce que vous allez continuer comme ça ?...

PERRICHON – Quoi ?...

---

notes

1. Guillaume Tell : héros suisse de la fin du XIIIe siècle qui fut condamné à percer, à l'aide d'une arbalète, une pomme placée sur la tête de son fils.

2. lorgnette : longue-vue de petite taille.

MADAME PERRICHON – Vous faites des phrases dans une gare !

PERRICHON – Je ne fais pas de phrases... j'élève les idées de l'enfant. *(Tirant de sa poche un petit carnet.)* Tiens, ma fille, voici un carnet que j'ai acheté pour toi.

HENRIETTE – Pour quoi faire ?...

PERRICHON – Pour écrire d'un côté la dépense, et de l'autre les impressions.

HENRIETTE – Quelles impressions ?

PERRICHON – Nos impressions de voyage ! Tu écriras, et moi je dicterai.

MADAME PERRICHON – Comment ! vous allez vous faire auteur à présent ?

PERRICHON – Il ne s'agit pas de me faire auteur... mais il me semble qu'un homme du monde peut avoir des pensées et les recueillir sur un carnet !

MADAME PERRICHON – Ce sera bien joli !

PERRICHON, *à part* – Elle est comme ça, chaque fois qu'elle n'a pas pris son café !

UN FACTEUR, *poussant un petit chariot chargé de bagages* – Monsieur, voici vos bagages. Voulez-vous les faire enregistrer ?...

PERRICHON – Certainement ! Mais, auparavant, je vais les compter... parce que, quand on sait son compte... Un, deux, trois, quatre, cinq, six, ma femme, sept, ma fille, huit, et moi, neuf. Nous sommes neuf.

LE FACTEUR – Enlevez !

PERRICHON, *courant vers le fond* – Dépêchons-nous !

LE FACTEUR – Pas par là, c'est par ici !

Mme Perrichon (Yvonne Gaudeau), M. Perrichon (Jean le Poulain), mise en scène de Jean le Poulain, Comédie-Française, 1982.

Il indique la gauche.

PERRICHON – Ah ! très bien ! *(Aux femmes.)* Attendez-moi
là !... ne nous perdons pas !

105   *Il sort en courant, suivant le facteur.*

Scène 3

MADAME PERRICHON,
HENRIETTE, *puis* DANIEL

HENRIETTE – Pauvre père ! quelle peine il se donne !

MADAME PERRICHON – Il est comme un ahuri !

DANIEL, *entrant suivi d'un commissionnaire qui porte sa malle* –
Je ne sais pas encore où je vais, attendez ! *(Apercevant*
110   *Henriette.)* C'est elle ! je ne me suis pas trompé !

Il salue Henriette, qui lui rend son salut.

MADAME PERRICHON, *à sa fille* – Quel est ce monsieur ?...

HENRIETTE – C'est un jeune homme qui m'a fait danser
la semaine dernière au bal du huitième arrondissement.

115 **MADAME PERRICHON**, *vivement* – Un danseur !

Elle salue Daniel.

DANIEL – Madame !... mademoiselle !... je bénis le hasard...
Ces dames vont partir ?...

MADAME PERRICHON – Oui, monsieur !

120 **DANIEL** – Ces dames vont à Marseille, sans doute ?...

MADAME PERRICHON – Non, monsieur.

DANIEL – À Nice, peut-être ?...

MADAME PERRICHON – Non, monsieur !

DANIEL – Pardon, madame... je croyais... si mes services...

Acte I, scène 4

125 LE FACTEUR, *à Daniel* – Bourgeois ! vous n'avez que le temps pour vos bagages.

DANIEL – C'est juste ! allons ! *(À part.)* J'aurais voulu savoir où elles vont... avant de prendre mon billet... *(Saluant.)* Madame... mademoiselle... *(À part.)* Elles partent, c'est le
130 principal !

Il sort par la gauche.

Scène 4

MADAME PERRICHON,
HENRIETTE, *puis* ARMAND

MADAME PERRICHON – Il est très bien, ce jeune homme !

ARMAND, *tenant un sac de nuit* – Portez ma malle aux bagages... je vous rejoins ! *(Apercevant Henriette.)* C'est elle !
135 *Ils se saluent.*

MADAME PERRICHON – Quel est ce monsieur ?...

HENRIETTE – C'est encore un jeune homme qui m'a fait danser au bal du huitième arrondissement.

MADAME PERRICHON – Ah çà ! ils se sont donc tous
140 donné rendez-vous ici ?... N'importe, c'est un danseur ! *(Saluant.)* Monsieur...

ARMAND – Madame... mademoiselle... je bénis le hasard... Ces dames vont partir ?

MADAME PERRICHON – Oui, monsieur.

145 ARMAND – Ces dames vont à Marseille, sans doute ?...

MADAME PERRICHON – Non, monsieur.

ARMAND – À Nice, peut-être ?...

MADAME PERRICHON, *à part* – Tiens, comme l'autre ! *(Haut.)* Non, monsieur !

150 **ARMAND** – Pardon, madame, je croyais... si mes services...

MADAME PERRICHON, *à part* – Après ça, ils sont du même arrondissement.

ARMAND, *à part* – Je ne suis pas plus avancé... je vais faire enregistrer ma malle... je reviendrai. *(Saluant.)* Madame...
155 mademoiselle.

Scène 5

MADAME PERRICHON, HENRIETTE, MAJORIN, *puis* **PERRICHON**

MADAME PERRICHON – Il est très bien, ce jeune homme !... Mais que fait ton père ? les jambes me rentrent dans le corps !

MAJORIN, *entrant par la gauche* – Je me suis trompé, ce train
160 ne part que dans une heure !

HENRIETTE – Tiens, monsieur Majorin !

MAJORIN, *à part* – Enfin, les voici !

MADAME PERRICHON – Vous ! comment n'êtes-vous pas à votre bureau ?...

165 **MAJORIN** – J'ai demandé un congé, belle dame ; je ne voulais pas vous laisser partir sans vous faire mes adieux !

MADAME PERRICHON – Comment ! c'est pour cela que vous êtes venu ! ah ! que c'est aimable !

MAJORIN – Mais, je ne vois pas Perrichon !

170 **HENRIETTE** – Papa s'occupe des bagages.

Acte I, scène 5

PERRICHON, *entrant en courant. À la cantonade* – Les billets d'abord ! très bien !

MAJORIN – Ah ! le voici ! Bonjour, cher ami !

PERRICHON, *très pressé* – Ah ! c'est toi ! tu es bien gentil d'être venu !... Pardon, il faut que je prenne mes billets ! *Il le quitte.*

MAJORIN, *à part* – Il est poli !

PERRICHON, *à l'employé au guichet* – Monsieur, on ne veut pas enregistrer mes bagages avant que j'aie pris mes billets ?

L'EMPLOYÉ – Ce n'est pas ouvert ! attendez !

PERRICHON – « Attendez ! » et là-bas, ils m'ont dit : « Dépêchez-vous ! » *(S'essuyant le front.)* Je suis en nage !

MADAME PERRICHON – Et moi, je ne tiens plus sur mes jambes !

PERRICHON – Eh bien, asseyez-vous. *(Indiquant le fond à gauche.)* Voilà des bancs... Vous êtes bonnes de rester plantées là comme deux factionnaires[1].

MADAME PERRICHON – C'est toi-même qui nous a dit : « Restez là ! » Tu n'en finis pas ! tu es insupportable !

PERRICHON – Voyons, Caroline !

MADAME PERRICHON – Ton voyage ! j'en ai déjà assez !

PERRICHON – On voit bien que tu n'as pas pris ton café ! Tiens, va t'asseoir !

MADAME PERRICHON – Oui, mais dépêche-toi !

Elle va s'asseoir avec Henriette.

---

note

1. factionnaires : sentinelles.

Scène 6 — PERRICHON, MAJORIN

MAJORIN, *à part* – Joli petit ménage !

PERRICHON, *à Majorin* – C'est toujours comme ça quand elle n'a pas pris son café... Ce bon Majorin ! c'est bien gentil à toi d'être venu !

200 MAJORIN – Oui, je voulais te parler d'une petite affaire.

PERRICHON, *distrait* – Et mes bagages qui sont restés là-bas sur une table... Je suis inquiet. *(Haut.)* Ce bon Majorin ! c'est bien gentil à toi d'être venu ! *(À part.)* Si j'y allais ?...

MAJORIN – J'ai un petit service à te demander.

205 PERRICHON – À moi ?...

MAJORIN – J'ai déménagé... et, si tu voulais m'avancer un trimestre de mes appointements[1]... six cents francs !

PERRICHON – Comment, ici ?...

MAJORIN – Je crois t'avoir toujours rendu exactement
210 l'argent que tu m'as prêté.

PERRICHON – Il ne s'agit pas de ça !

MAJORIN – Pardon ! je tiens à le constater... Je touche mon dividende[2] des paquebots le 8 du mois prochain ; j'ai douze actions... et, si tu n'as pas confiance en moi, je te
215 remettrai les titres[3] en garantie.

PERRICHON – Allons donc ! es-tu bête !

MAJORIN, *sèchement* – Merci !

---

notes

1. appointements : salaire.
2. dividende : Majorin possède des actions d'une société de paquebots (une part du capital).

Il touche donc une partie des bénéfices de cette société : ce que l'on appelle un dividende.
3. titres : actions.

Acte I, scène 6

PERRICHON – Pourquoi diable aussi viens-tu me demander ça au moment où je pars ?... j'ai pris juste l'argent nécessaire à mon voyage.

MAJORIN – Après ça, si ça te gêne... n'en parlons plus. Je m'adresserai à des usuriers[1] qui me prendront cinq pour cent par an... je n'en mourrai pas !

PERRICHON, *tirant son portefeuille* – Voyons, ne te fâche pas !... tiens, les voilà, tes six cents francs, mais n'en parle pas à ma femme.

MAJORIN, *prenant les billets* – Je comprends : elle est si avare !

PERRICHON – Comment ! avare ?

MAJORIN – Je veux dire qu'elle a de l'ordre !

PERRICHON – Il faut ça, mon ami !... il faut ça !

MAJORIN, *sèchement* – Allons ! c'est six cents francs que je te dois... Adieu ! *(À part.)* Que d'histoires ! pour six cents francs !... et ça va en Suisse !... Carrossier !

Il disparaît par la droite.

PERRICHON – Eh bien, il part ! il ne m'a seulement pas dit merci ! mais, au fond, je crois qu'il m'aime ! *(Apercevant le guichet ouvert.)* Ah ! sapristi ! on distribue les billets !...

Il se précipite vers la balustrade et bouscule cinq ou six personnes qui font la queue.

UN VOYAGEUR – Faites donc attention, monsieur !

L'EMPLOYÉ, *à Perrichon* – Prenez votre tour, vous, là-bas !

PERRICHON, *à part* – Et mes bagages !... et ma femme !...

Il se met à la queue.

note

1. usuriers : personnes qui prêtent de l'argent moyennant un taux d'intérêt élevé.

**Mise en scène de Jean-Luc Moreau,
théâtre Saint-Georges, Paris, 1996.**

Au fil du texte

Questions sur l'acte I, scènes 1 à 6 (pages 8 à 19)

QUE S'EST-IL PASSÉ ?

1. Complétez les phrases suivantes.
a) Le premier acte est situé à Paris, dans la gare de ....
b) Daniel a rencontré .... au bal du huitième arrondissement.
c) Pour obtenir une journée de congé, Majorin a dit qu'il était ....
d) Majorin demande à Perrichon une avance de .... francs.
e) Cette avance représente .... mois de salaire.

AVEZ-VOUS BIEN LU ?

2. Où se rend la famille Perrichon ?
3. Quelle est la profession de M. Perrichon ?
4. Qu'offre M. Perrichon à sa fille avant le voyage ?
5. À quoi M. Perrichon attribue-t-il la mauvaise humeur de sa femme ?
6. Pour quelle raison Armand et Daniel voyagent-ils ?

ÉTUDIER LA GRAMMAIRE

7. Quels sont les quatre types de phrase habituellement distingués ? Citez un exemple emprunté aux premières scènes pour illustrer chaque catégorie.
8. À quoi servent en général les phrases exclamatives ? Sont-elles nombreuses dans les premières scènes ? Pour quelle raison ?

Au fil du texte

ÉTUDIER LE VOCABULAIRE

9. Décomposez le mot « *trimestre* » (l. 13). Donnez deux autres mots composés sur le même radical.

10. Quelle est l'étymologie★ du mot « *paquebot* » (l. 213) ? Donnez deux autres mots empruntés à la même langue et ayant subi aussi une « francisation » de leur orthographe.

11. Donnez deux synonymes★ du mot « *avare* » (l. 227).

étymologie :
origine
d'un mot.

synonyme :
mot de
signification
très proche
ou identique.

12. Quel suffixe peut-on repérer dans le nom propre Perrichon ? Donnez trois autres mots composés avec le même suffixe.

ÉTUDIER L'ORTHOGRAPHE

13. « *Tu ne nous as pas laissées déjeuner !* » (l. 54) : expliquez l'accord du participe passé dans cette phrase.

ÉTUDIER LE DISCOURS

14. Quel est le premier personnage à prendre la parole dans la pièce ? Quels sont les sentiments de ce personnage à l'égard de M. Perrichon ? Quand ce personnage rencontre la famille Perrichon, est-il tout à fait franc dans ses explications ?

15. Qu'est-ce qu'un monologue ? Y a-t-il des monologues dans les scènes que vous avez lues ?

16. Mme Perrichon utilise-t-elle le tutoiement ou le vouvoiement quand elle s'adresse à son mari ? Quelles remarques pouvez-vous faire alors ? Quelle est l'attitude de Mme Perrichon à l'égard de son mari ?

Acte I, scènes 1 à 6

ÉTUDIER LE GENRE : LA COMÉDIE

17. Qu'est-ce qu'une didascalie ? Les didascalies sont-elles nombreuses dans les premières scènes ? Pourquoi ?

18. Les répliques★ sont-elles en général plutôt longues ou plutôt courtes ? Pouvez-vous repérer de longues tirades ? Que peut-on en déduire pour le dialogue ?

19. Quels sont les premiers éléments qui signalent l'affolement de M. Perrichon ?

20. Quelles sont les premières marques de vanité chez M. Perrichon ?

21. Relevez une maladresse langagière comique dans les propos de M. Perrichon.

ÉTUDIER L'ÉCRITURE

22. Relevez et expliquez la première comparaison★ employée par M. Perrichon dans cette pièce.

23. Qu'est-ce qu'un aparté ? Relevez les trois premiers apartés de la pièce. Quelle est la fonction de ces apartés ?

24. Quels sont les éléments ou les répliques qui soulignent le parallélisme entre les scènes 3 et 4 ?

25. Dans quelles scènes M. Perrichon est-il présent ? Pourquoi, selon vous, n'est-il pas toujours présent sur scène ?

LIRE L'IMAGE

26. Quels sont les personnages présents sur scène, selon vous, dans la photographie reproduite page 20.

réplique : **propos tenu par un personnage dans un dialogue.**

comparaison : **mise en relation de deux éléments pour en souligner la ressemblance, en utilisant un outil de comparaison (comme, tel).**

Au fil du texte — Acte I, scènes 1 à 6

À VOS PLUMES !

27. M. Perrichon apprend à sa femme qu'il vient de prêter de l'argent à Majorin. Construisez un dialogue développant cette situation.

28. Daniel raconte son voyage en train avec M. Perrichon dans une lettre adressée à un ami. Écrivez cette lettre.

29. Vous faites votre premier grand voyage en train. Racontez vos préparatifs et imaginez un incident qui perturbera votre voyage.

RECHERCHES ET EXPOSÉS

30. Préparez un exposé sur le train au XIXe siècle.

31. Claude Monet a peint une série consacrée à une gare parisienne. Préparez un exposé sur cette série ou sur Claude Monet.

DÉBAT

32. Aimez-vous ou aimeriez-vous voyager en train ? Vous essaierez de trouver des arguments favorables et défavorables au voyage en train, en le comparant notamment aux autres moyens de transport possibles.

Acte I, scène 7

Scène 7

LES MÊMES, LE COMMANDANT MATHIEU,
suivi de JOSEPH, *qui porte sa valise*

LE COMMANDANT – Tu m'entends[1] bien ?

245 JOSEPH – Oui, mon commandant.

LE COMMANDANT – Et si elle demande où je suis... quand je reviendrai... tu répondras que tu n'en sais rien... Je ne veux plus entendre parler d'elle.

JOSEPH – Oui, mon commandant.

250 LE COMMANDANT – Tu diras à Anita que tout est fini... bien fini...

JOSEPH – Oui, mon commandant.

PERRICHON – J'ai mes billets !... vite ! à mes bagages ! Quel métier que d'aller à Lyon !

255 *Il sort en courant.*

LE COMMANDANT – Tu m'as bien compris ?

JOSEPH – Sauf votre respect, mon commandant, c'est bien inutile de partir.

LE COMMANDANT – Pourquoi ?...

260 JOSEPH – Parce qu'à son retour, mon commandant reprendra mademoiselle Anita.

LE COMMANDANT – Oh !

JOSEPH – Alors, autant vaudrait ne pas la quitter ; les raccommodements[2] coûtent toujours quelque chose à
265 mon commandant.

---

notes

1. m'entends :
me comprends.

2. raccommodements :
réconciliations.

LE COMMANDANT — Ah ! cette fois, c'est sérieux ! Anita s'est rendue indigne de mon affection et des bontés que j'ai pour elle.

JOSEPH — On peut dire qu'elle vous ruine, mon commandant. Il est encore venu un huissier[1] ce matin... et les huissiers, c'est comme les vers... quand ça commence à se mettre quelque part...

LE COMMANDANT — À mon retour, j'arrangerai toutes mes affaires... adieu !

JOSEPH — Adieu, mon commandant.

LE COMMANDANT *s'approche du guichet et revient* — Ah ! tu m'écriras à Genève, poste restante... Tu me donneras des nouvelles de ta santé...

JOSEPH, *flatté* — Mon commandant est bien bon !

LE COMMANDANT — Et puis tu me diras si l'on a eu du chagrin en apprenant mon départ... si l'on a pleuré...

JOSEPH — Qui ça, mon commandant ?...

LE COMMANDANT — Eh parbleu ! elle ! Anita !

JOSEPH — Vous la reprendrez, mon commandant !

LE COMMANDANT — Jamais !

JOSEPH — Ça fera la huitième fois. Ça me fait de la peine de voir un brave homme comme vous harcelé par des créanciers[2]... et pour qui ? pour une...

---

notes

1. huissier : officier ministériel chargé de recouvrer les dettes.

2. créanciers : personnes à qui on doit de l'argent.

**Mise en scène de Laurent Pelly,
maison de la culture de Loire-Atlantique,
Nantes, 2002.**

LE VOYAGE DE MONSIEUR PERRICHON

LE COMMANDANT – Allons, c'est bien ! donne-moi ma
valise, et écris-moi à Genève... demain ou ce soir !
bonjour[1] !

JOSEPH – Bon voyage, mon commandant. *(À part.)* Il sera
revenu avant huit jours ! Oh ! les femmes ! et les hommes !...

Il sort. – Le commandant va prendre son billet et entre dans la
salle d'attente.

Scène 8

MADAME PERRICHON, HENRIETTE,
puis PERRICHON, UN FACTEUR

MADAME PERRICHON, *se levant avec sa fille* – Je suis lasse
d'être assise !

PERRICHON, *entrant en courant* – Enfin ! c'est fini ! j'ai mon
bulletin[2] ! je suis enregistré !

MADAME PERRICHON – Ce n'est pas malheureux !

LE FACTEUR, *poussant son chariot vide, à Perrichon* – Monsieur...
n'oubliez pas le facteur, s'il vous plaît...

PERRICHON – Ah ! oui... Attendez. *(Se concertant avec sa*
femme et sa fille.) Qu'est-ce qu'il faut lui donner à
celui-là, dix sous ?

MADAME PERRICHON – Quinze.

notes

1. bonjour : employé
indifféremment pour
saluer ou se séparer.

2. bulletin : billet
d'enregistrement
(pour les bagages).

Acte I, scène 8

HENRIETTE – Vingt.

PERRICHON – Allons... va pour vingt ! *(Les lui donnant.)* Tenez, mon garçon.

310 **LE FACTEUR** – Merci, monsieur !

Il sort.

MADAME PERRICHON – Entrons-nous ?

PERRICHON – Un instant... Henriette, prends ton carnet et écris.

315 **MADAME PERRICHON** – Déjà !

PERRICHON, *dictant* – Dépenses : fiacre, deux francs... chemin de fer, cent soixante-douze francs cinq centimes... facteur, un franc.

HENRIETTE – C'est fait !

320 **PERRICHON** – Attends ! impression !

MADAME PERRICHON, *à part* – Il est insupportable !

PERRICHON, *dictant* – Adieu, France... reine des nations ! *(S'interrompant.)* Eh bien, et mon panama ?... je l'aurai laissé aux bagages !

325 *Il veut courir.*

MADAME PERRICHON – Mais non ! le voici !

PERRICHON – Ah ! oui ! *(Dictant.)* Adieu, France ! reine des nations !

On entend la cloche et l'on voit accourir plusieurs voyageurs.

330 **MADAME PERRICHON** – Le signal ! tu vas nous faire manquer le convoi !

PERRICHON – Entrons, nous finirons cela plus tard !

L'employé l'arrête à la barrière pour voir les billets. Perrichon querelle sa femme et sa fille, finit par trouver les billets dans sa
335 *poche. Ils entrent dans la salle d'attente.*

Scène 9

ARMAND, DANIEL, *puis* PERRICHON

Daniel, qui vient de prendre son billet, est heurté par Armand qui veut prendre le sien.

ARMAND – Prenez donc garde !

DANIEL – Faites attention vous-même !

340 ARMAND – Daniel !

DANIEL – Armand !

ARMAND – Vous partez ?...

DANIEL – À l'instant ! et vous ?...

ARMAND – Moi aussi !

345 DANIEL – C'est charmant ! nous ferons route ensemble ! J'ai des cigares de première classe... Et où allez-vous ?

ARMAND – Ma foi, mon cher ami, je n'en sais rien encore.

DANIEL – Tiens ! c'est bizarre ! ni moi non plus ! J'ai pris un billet jusqu'à Lyon.

350 ARMAND – Vraiment ? moi aussi ! je me dispose à suivre une demoiselle charmante.

DANIEL – Tiens ! moi aussi !

ARMAND – La fille d'un carrossier !

DANIEL – Perrichon ?

355 ARMAND – Perrichon !

DANIEL – C'est la même !

ARMAND – Mais je l'aime, mon cher Daniel.

DANIEL – Je l'aime également, mon cher Armand.

ARMAND – Je veux l'épouser !

360 DANIEL – Moi, je veux la demander en mariage... ce qui est à peu près la même chose.

Acte I, scène 9

ARMAND – Mais nous ne pouvons l'épouser tous les deux !

DANIEL – En France, c'est défendu !

ARMAND – Que faire ?...

365 **DANIEL** – C'est bien simple ! Puisque nous sommes sur le marchepied du wagon, continuons gaiement notre voyage... cherchons à plaire... à nous faire aimer, chacun de notre côté !

ARMAND, *riant* – Alors, c'est un concours !... un tournoi !...

370 **DANIEL** – Une lutte loyale... et amicale... Si vous êtes vainqueur... je m'inclinerai... si je l'emporte, vous ne me tiendrez pas rancune ! Est-ce dit ?

ARMAND – Soit ! j'accepte.

DANIEL – La main, avant la bataille.

375 **ARMAND** – Et la main après.

Ils se donnent la main.

PERRICHON, *entrant en courant. À la cantonade* – Je te dis que j'ai le temps !

DANIEL – Tiens ! notre beau-père !

380 **PERRICHON,** *à la marchande de livres* – Madame, je voudrais un livre pour ma femme et ma fille... un livre qui ne parle ni de galanterie, ni d'argent, ni de politique, ni de mariage, ni de mort.

DANIEL, *à part* – *Robinson Crusoé* !

385 **LA MARCHANDE** – Monsieur, j'ai votre affaire.

Elle lui remet un volume.

PERRICHON, *lisant* – *Les Bords de la Saône :* deux francs ! *(Payant.)* Vous me jurez qu'il n'y a pas de bêtises là-dedans ? *(On entend la cloche.)* Ah diable ! Bonjour, madame.

390 *Il sort en courant.*

ARMAND – Suivons-le.

DANIEL – Suivons ! C'est égal, je voudrais bien savoir où nous allons ?...

On voit courir plusieurs voyageurs. – Tableau.

Mise en scène de la Comédie-Française, 1934.

Au fil du texte

Questions sur l'acte I, scènes 7 à 9 (pages 25 à 32)

QUE S'EST-IL PASSÉ ?

1. Complétez les phrases suivantes.
a) Le commandant est accompagné de ...., son serviteur.
b) Selon son serviteur, le commandant pardonnera à sa maîtresse pour la .... fois.
c) M. Perrichon donne un pourboire au ....
d) Il veut acheter à sa fille un ....
e) En dehors de la vendeuse, les deux témoins de cet achat sont .... et ....

AVEZ-VOUS BIEN LU ?

2. Qui est Anita ?

3. Pourquoi le commandant part-il ?

4. Quel personnage est menacé par des huissiers ?

5. Quel personnage voyage avec des cigares ?

6. Quels sont les deux personnages qui établissent entre eux un pacte ? Quelle est la nature de ce pacte ?

ÉTUDIER LA GRAMMAIRE

7. Relevez les verbes conjugués au futur dans la scène 7. Quelles sont les caractéristiques de cette conjugaison ? Pourquoi les verbes au futur sont-ils nombreux dans cette scène ?

8. Quels sont les substituts pronominaux utilisés dans la scène 7 pour désigner Anita ? Que remarquez-vous à propos de l'un de ces substituts ?

_____ **Au fil du texte** _____

ÉTUDIER LE VOCABULAIRE

9. Cherchez l'étymologie* du mot « *parbleu* »
(l. 283). Y a-t-il d'autres mots formés de la même
façon en français ?

10. Quels sont les différents sens du mot « *facteur* » ?

11. Qu'est-ce que la monogamie ? Quel mot
désigne la coutume inverse ?

12. Relevez trois mots qui appartiennent au champ
lexical* du combat chevaleresque.

étymologie :
**origine
d'un mot.**

champ lexical :
**ensemble
des mots
d'un texte qui
se rattachent
à une même
notion.**

réplique :
**propos tenu par
un personnage
dans un
dialogue.**

ÉTUDIER UN THÈME : L'ARGENT

13. Montrez que l'argent occupe une place
importante dans tout l'acte I.

14. Quels sont les personnages qui ont
des problèmes d'argent ? Quels sont ceux
qui semblent plus favorisés ?

15. Toutes les catégories sociales sont-elles
représentées dans l'acte I ? Justifiez votre réponse.

ÉTUDIER LE DISCOURS

16. Quelle est l'attitude de Joseph à l'égard
du commandant ? Relevez deux répliques*
qui démontrent qu'il n'est pas seulement
un serviteur obéissant et craintif.

17. Relevez une phrase qui indique que
le commandant se soucie de la réaction d'Anita.
D'après vous, les commentaires de Joseph
sont-ils justifiés ?

Acte I, scènes 7 à 9

ÉTUDIER LE GENRE : LA COMÉDIE

18. L'attitude de Joseph à l'égard de son employeur est-elle, selon vous, surprenante dans une comédie ?

19. Dans quelle atmosphère les deux rivaux sentimentaux établissent-ils leur pacte ?

20. Quelles sont les deux intrigues amorcées dans l'acte I ? Sont-elles étonnantes dans une comédie ? Pourquoi ?

21. En quoi l'acte I peut-il être considéré comme un acte d'exposition★ ?

exposition :
les premières scènes d'une pièce de théâtre dans lesquelles l'auteur présente les principaux personnages et expose l'intrigue.

ÉTUDIER L'ÉCRITURE

22. Relevez une comparaison★ utilisée par Joseph et expliquez-la.

23. Relevez une réplique interrompue dans la scène 7 (aposiopèse). Par qui est-elle interrompue et pourquoi ?

comparaison :
mise en relation de deux éléments pour en souligner la ressemblance, en utilisant un outil de comparaison (comme, tel).

LIRE L'IMAGE

24. Quels sont les détails étonnants sur la photographie de la page 27 ?

À VOS PLUMES !

25. Imaginez une lettre écrite par Armand où celui-ci racontera sa rencontre avec Henriette.

26. Rédigez trois paragraphes comprenant trois arguments différents dans lesquels vous tenterez d'exposer les intérêts des voyages.

Au fil du texte — Acte I, scènes 7 à 9

27. Quels souvenirs avez-vous gardés de votre premier voyage en train (ou d'un voyage en train particulier) ? Racontez.

RECHERCHES ET EXPOSÉS

28. Qui a fondé les premières librairies situées dans les gares ? Documentez-vous sur cet éditeur.

29. De quelle façon présenteriez-vous le commandant, Armand et Daniel si vous étiez metteur en scène ? Distribuez les rôles de la pièce en fonction des acteurs français actuels que vous connaissez.

DÉBAT

30. Le premier acte du *Voyage de Monsieur Perrichon* vous semble-t-il divertissant ? Pourquoi ?

Un intérieur d'auberge au Montanvert, près de la mer de Glace[1].
– Au fond, à droite, porte d'entrée ; au fond, à gauche, fenêtre ; vue de montagnes couvertes de neige ; à gauche, porte et cheminée.
– À droite, table où est le livre des voyageurs, et porte.

Scène 1

ARMAND, DANIEL, L'AUBERGISTE, UN GUIDE

Daniel et Armand sont assis à une table, et déjeunent.
L'AUBERGISTE – Ces messieurs prendront-ils autre chose ?
DANIEL – Tout à l'heure... du café...

---

note

1. mer de Glace : glacier dans le massif du Mont-Blanc qui descend la vallée de l'Arve.

ARMAND – Faites manger le guide ; après, nous partirons pour la mer de Glace.

L'AUBERGISTE – Venez, guide.

Il sort, suivi du guide, par la droite.

DANIEL – Eh bien, mon cher Armand ?

ARMAND – Eh bien, mon cher Daniel ?

DANIEL – Les opérations sont engagées, nous avons commencé l'attaque.

ARMAND – Notre premier soin a été de nous introduire dans le même wagon que la famille Perrichon ; le papa avait déjà mis sa calotte[1].

DANIEL – Nous les avons bombardés de prévenances[2], de petits soins.

ARMAND – Vous avez prêté votre journal à M. Perrichon, qui a dormi dessus... En échange, il vous a offert *Les Bords de la Saône...* un livre avec des images.

DANIEL – Et vous, à partir de Dijon, vous avez tenu un store dont la mécanique était dérangée ; ça a dû vous fatiguer.

ARMAND – Oui, mais la maman m'a comblé de pastilles de chocolat.

DANIEL – Gourmand !... vous vous êtes fait nourrir.

ARMAND – À Lyon, nous descendons au même hôtel...

DANIEL – Et le papa, en nous retrouvant, s'écrie : « Ah ! quel heureux hasard !... »

---

notes

1. calotte : petit bonnet rond qui ne couvre que le sommet de la tête.

2. prévenances : attentions.

Acte II, scène 1

ARMAND – À Genève, même rencontre... imprévue...

DANIEL – À Chamouny[1], même situation ; et le Perrichon de s'écrier toujours : « Ah ! quel heureux hasard ! »

ARMAND – Hier soir, vous apprenez que la famille se dispose à venir voir la mer de Glace, et vous venez me chercher dans ma chambre... dès l'aurore... c'est un trait de gentilhomme[2] !

DANIEL – C'est dans notre programme... lutte loyale ! Voulez-vous de l'omelette ?

ARMAND – Merci... Mon cher, je dois vous prévenir... loyalement... que, de Chalon à Lyon, mademoiselle Perrichon m'a regardé trois fois.

DANIEL – Et moi, quatre !

ARMAND – Diable ! c'est sérieux !

DANIEL – Ça le sera bien davantage quand elle ne nous regardera plus... Je crois qu'en ce moment elle nous préfère tous les deux... ça peut durer longtemps comme ça ; heureusement nous sommes gens de loisir[3].

ARMAND – Ah çà ! expliquez-moi comment vous avez pu vous éloigner de Paris, étant le gérant d'une société de paquebots ?

DANIEL – *Les Remorqueurs sur la Seine...* capital social[4], deux millions. C'est bien simple ; je me suis demandé un petit congé, et je n'ai pas hésité à me l'accorder... J'ai de bons employés ; les paquebots vont tout seuls, et, pourvu que je sois à Paris le 8 du mois prochain pour le paiement du

---

notes

1. Chamouny : ancienne orthographe de Chamonix.

2. un trait de gentilhomme : une preuve de noblesse.

3. gens de loisir : des personnes disposant de loisirs.

4. capital social : le capital représenté par les actions de la société.

LE VOYAGE DE MONSIEUR PERRICHON

55 dividende... Ah çà ! et vous ?... un banquier... Il me
    semble que vous pérégrinez[1] beaucoup !

ARMAND – Oh ! ma maison de banque ne m'occupe
guère... J'ai associé mes capitaux en réservant la liberté de
ma personne, je suis banquier...

60 DANIEL – Amateur !

ARMAND – Je n'ai, comme vous, affaire à Paris que vers
le 8 du mois prochain.

DANIEL – Et, d'ici là, nous allons nous faire une guerre
à outrance[2]...

65 ARMAND – À outrance ! comme deux bons amis... J'ai eu
un moment la pensée de vous céder la place ; mais j'aime
sérieusement Henriette...

DANIEL – C'est singulier... je voulais vous faire le même
sacrifice... sans rire... À Chalon, j'avais envie de décamper
70 mais je l'ai regardée.

ARMAND – Elle est si jolie !

DANIEL – Si douce !

ARMAND – Si blonde !

DANIEL – Il n'y a presque plus de blondes ; et des yeux...

75 ARMAND – Comme nous les aimons.

DANIEL – Alors je suis resté !

ARMAND – Ah ! je vous comprends !

DANIEL – À la bonne heure ! C'est un plaisir de vous avoir
pour ennemi ! *(Lui serrant la main.)* Cher Armand !

---

notes

1. pérégrinez : voyagez. **2. à outrance :** totale.

Acte II, scène 2

80 ARMAND, *de même* – Ah çà ! M. Perrichon n'arrive pas. Est-ce qu'il aurait changé son itinéraire ? si nous allions les perdre ?

DANIEL – Diable ! c'est qu'il est capricieux, le bonhomme... Avant-hier, il nous a envoyés nous promener à Ferney[1],
85 où nous comptions le retrouver...

ARMAND – Et, pendant ce temps, il était allé à Lausanne.

DANIEL – Eh bien, c'est drôle de voyager comme cela ! *(Voyant Armand qui se lève.)* Où allez-vous donc ?

ARMAND – Je ne tiens pas en place, j'ai envie d'aller
90 au-devant de ces dames.

DANIEL – Et le café ?

ARMAND – Je n'en prendrai pas... Au revoir !

Il sort vivement par le fond.

Scène 2

DANIEL, *puis* L'AUBERGISTE,
puis LE GUIDE

DANIEL – Quel excellent garçon ! c'est tout cœur, tout
95 feu... mais ça ne sait pas vivre, il est parti sans prendre son café ! *(Appelant.)* Holà !... monsieur l'aubergiste !

L'AUBERGISTE, *paraissant* – Monsieur ?

---

note

1. Ferney : village situé
à 7 kilomètres de Genève,
dans lequel le philosophe
Voltaire possédait
un château.

LE VOYAGE DE MONSIEUR PERRICHON

DANIEL – Le café. *(L'aubergiste sort. Daniel allume un cigare.)* Hier, j'ai voulu faire fumer le beau-père... ça ne lui a pas réussi...

L'AUBERGISTE, *apportant le café* – Monsieur est servi.

DANIEL, *s'asseyant derrière la table, devant la cheminée, et étendant une jambe sur la chaise d'Armand* – Approchez cette chaise... très bien... *(Il a désigné une autre chaise, il y étend l'autre jambe.)* Merci... Ce pauvre Armand ! il court sur la grande route, lui, en plein soleil... et moi, je m'étends ! Qui arrivera le premier de nous deux ? nous avons la fable du Lièvre et de la Tortue[1].

L'AUBERGISTE, *lui présentant un registre* – Monsieur veut-il écrire quelque chose sur le livre des voyageurs ?

DANIEL – Moi ?... je n'écris jamais après mes repas, rarement avant... Voyons les pensées délicates et ingénieuses des visiteurs. *(Il feuillette le livre, lisant.)* « Je ne me suis jamais mouché si haut !... » Signé : « Un voyageur enrhumé... » *(Il continue à feuilleter.)* Oh ! la belle écriture ! *(Lisant.)* « Qu'il est beau d'admirer les splendeurs de la nature, entouré de sa femme et de sa nièce !... » Signé : « Malaquais, rentier[2]... » Je me suis toujours demandé pourquoi les Français, si spirituels chez eux, sont si bêtes en voyage !

Cris et tumulte au-dehors.

L'AUBERGISTE – Ah ! mon Dieu !

DANIEL – Qu'y a-t-il ?

---

notes

1. la fable du Lièvre et la Tortue : fable de La Fontaine (livre VI).

2. rentier : personne qui vit des revenus de son capital.

Acte II, scène 3

Scène 3

DANIEL, PERRICHON, ARMAND,
MADAME PERRICHON,
HENRIETTE, L'AUBERGISTE

Perrichon entre, soutenu par sa femme et le guide.

125 ARMAND – Vite, de l'eau ! du sel ! du vinaigre !

DANIEL – Qu'est-il donc arrivé ?

HENRIETTE – Mon père a manqué de se tuer !

DANIEL – Est-il possible ?

PERRICHON, *assis* – Ma femme !... ma fille !... Ah ! je me
130 sens mieux !...

HENRIETTE, *lui présentant un verre d'eau sucrée* – Tiens !...
bois !... ça te remettra...

PERRICHON – Merci... quelle culbute !

Il boit.

135 MADAME PERRICHON – C'est ta faute aussi... vouloir monter
à cheval, un père de famille... et avec des éperons encore !

PERRICHON – Les éperons n'y sont pour rien... c'est la
bête qui est ombrageuse.

MADAME PERRICHON – Tu l'auras piquée sans le vouloir,
140 elle s'est cabrée...

HENRIETTE – Et, sans M. Armand, qui venait d'arriver...
mon père disparaissait dans un précipice...

MADAME PERRICHON – Il y était déjà... je le voyais rouler
comme une boule... nous poussions des cris !...

145 HENRIETTE – Alors, monsieur s'est élancé !...

MADAME PERRICHON – Avec un courage, un sang-froid !...
Vous êtes notre sauveur... car, sans vous, mon mari... mon
pauvre ami...

Elle éclate en sanglots.

150 ARMAND – Il n'y a plus de danger... calmez-vous !

MADAME PERRICHON, *pleurant toujours* – Non ! ça me fait du bien ! *(À son mari.)* Ça t'apprendra à mettre des éperons. *(Sanglotant plus fort.)* Tu n'aimes pas ta famille.

HENRIETTE, *à Armand* – Permettez-moi d'ajouter mes
155 remerciements à ceux de ma mère, je garderai toute ma vie le souvenir de cette journée... toute ma vie !...

ARMAND – Ah ! mademoiselle !

PERRICHON, *à part* – À mon tour ! *(Haut.)* Monsieur Armand !... non, laissez-moi vous appeler Armand ?

160 ARMAND – Comment donc !

PERRICHON – Armand... donnez-moi la main... Je ne sais pas faire de phrases, moi... mais, tant qu'il battra, vous aurez une place dans le cœur de Perrichon ! *(Lui serrant la main.)* Je ne vous dis que cela !

165 MADAME PERRICHON – Merci, monsieur Armand !

HENRIETTE – Merci, monsieur Armand !

ARMAND – Mademoiselle Henriette !

DANIEL, *à part* – Je commence à croire que j'ai eu tort de prendre mon café !

170 MADAME PERRICHON, *à l'aubergiste* – Vous ferez reconduire le cheval, nous retournerons tous en voiture...

PERRICHON, *se levant* – Mais je t'assure, chère amie, que je suis assez bon cavalier... *(Poussant un cri.)* Aïe !

175 TOUS – Quoi ?

PERRICHON – Rien !... les reins ! Vous ferez reconduire le cheval !

Acte II, scène 4

MADAME PERRICHON – Viens te reposer un moment. Au revoir, monsieur Armand !

180 **HENRIETTE** – Au revoir, monsieur Armand !

PERRICHON, *serrant énergiquement la main d'Armand* – À bientôt... Armand ! *(Poussant un second cri.)* Aïe !... j'ai trop serré !

Il entre à gauche, suivi de sa femme et de sa fille.

Scène 4   ARMAND, DANIEL

185 **ARMAND** – Qu'est-ce que vous dites de cela, mon cher Daniel ?

DANIEL – Que voulez-vous ! c'est de la veine[1] !... vous sauvez le père, vous cultivez le précipice, ce n'était pas dans le programme !

190 **ARMAND** – C'est bien le hasard...

DANIEL – Le papa vous appelle Armand, la mère pleure et la fille vous décoche des phrases bien senties... empruntées aux plus belles pages de M. Bouilly[2]... Je suis vaincu, c'est clair ! et je n'ai plus qu'à vous céder la
195 place...

---

notes

1. veine : chance.
2. monsieur Bouilly : Jean-Nicolas Bouilly (1763-1842), auteur de comédies et de vaudevilles au début du XIXe siècle. Il a aussi publié quelques récits édifiants pour les enfants (*Contes à ma fille*, 1809).

ARMAND – Allons donc ! vous plaisantez...

DANIEL – Je plaisante si peu que, dès ce soir, je pars pour Paris...

ARMAND – Comment ?

200 DANIEL – Où vous retrouverez un ami... qui vous souhaite bonne chance !

ARMAND – Vous partez ? ah ! merci !

DANIEL – Voilà un cri du cœur !

ARMAND – Ah ! pardon ! je le retire !... après le sacrifice
205 que vous me faites...

DANIEL – Moi ? entendons-nous bien... je ne vous fais pas le plus léger sacrifice. Si je me retire, c'est que je ne crois avoir aucune chance de réussir ; car, maintenant encore, s'il s'en présentait une... même petite, je resterais.

210 ARMAND – Ah !

DANIEL – Est-ce singulier ? Depuis qu'Henriette m'échappe, il me semble que je l'aime davantage.

ARMAND – Je comprends cela... aussi, je ne vous demanderai pas le service que je voulais vous demander...

215 DANIEL – Quoi donc ?

ARMAND – Non, rien...

DANIEL – Parlez... je vous en prie.

ARMAND – J'avais songé... puisque vous partez, à vous prier de voir M. Perrichon, de lui toucher quelques mots
220 de ma position[1], de mes espérances.

DANIEL – Ah ! diable !

---

note

1. position : situation.

Acte II, scène 5

ARMAND – Je ne puis le faire moi-même... j'aurais l'air de réclamer le prix du service que je viens de lui rendre.

DANIEL – Enfin, vous me priez de faire la demande pour vous. Savez-vous que c'est original, ce que vous me demandez là ?

ARMAND – Vous refusez ?...

DANIEL – Ah ! Armand ! j'accepte !

ARMAND – Mon ami !

DANIEL – Avouez que je suis un bien bon petit rival, un rival qui fait la demande ! *(Voix de Perrichon dans la coulisse.)* J'entends le beau-père ! Allez fumer un cigare et revenez !

ARMAND – Vraiment ! je ne sais comment vous remercier.

DANIEL – Soyez tranquille, je vais faire vibrer chez lui la corde de la reconnaissance.

Armand sort par le fond.

Scène 5

DANIEL, PERRICHON,
puis L'AUBERGISTE

PERRICHON, *entrant et parlant à la cantonade* – Mais certainement il m'a sauvé ! certainement il m'a sauvé, et, tant qu'il battra, le cœur de Perrichon... je lui ai dit...

DANIEL – Eh bien, monsieur Perrichon... vous sentez-vous mieux ?

PERRICHON – Ah ! je suis tout à fait remis... je viens de boire trois gouttes de rhum dans un verre d'eau, et, dans un quart d'heure, je compte gambader sur la mer de Glace. Tiens, votre ami n'est plus là ?

DANIEL – Il vient de sortir.

PERRICHON – C'est un brave jeune homme !... ces dames l'aiment beaucoup.

DANIEL – Oh ! quand elles le connaîtront davantage !... un cœur d'or ! obligeant, dévoué, et d'une modestie !

PERRICHON – Oh ! c'est rare.

DANIEL – Et puis il est banquier... c'est un banquier !...

PERRICHON – Ah !

DANIEL – Associé de la maison Turneps, Desroches et Cie ! Dites donc, c'est assez flatteur d'être repêché par un banquier... car, enfin, il vous a sauvé !... Hein ?... sans lui !...

PERRICHON – Certainement... certainement. C'est très gentil, ce qu'il a fait là !

DANIEL, *étonné* – Comment, gentil ?

PERRICHON – Est-ce que vous allez vouloir atténuer[1] le mérite de son action ?

DANIEL – Par exemple !

PERRICHON – Ma reconnaissance ne finira qu'avec ma vie... Çà !... tant que le cœur de Perrichon battra. Mais, entre nous, le service qu'il m'a rendu n'est pas aussi grand que ma femme et ma fille veulent bien le dire.

DANIEL, *étonné* – Ah bah !

---

note

1. atténuer : diminuer.

Acte II, scène 5

PERRICHON – Oui. Elles se montent la tête. Mais, vous savez, les femmes !...

DANIEL – Cependant, quand Armand vous a arrêté, vous rouliez...

PERRICHON – Je roulais, c'est vrai... Mais, avec une présence d'esprit étonnante... j'avais aperçu un petit sapin après lequel j'allais me cramponner ; je le tenais déjà quand votre ami est arrivé.

DANIEL, *à part* – Tiens, tiens ! vous allez voir qu'il s'est sauvé tout seul.

PERRICHON – Au reste, je ne lui sais pas moins gré[1] de sa bonne intention... Je compte le revoir... lui réitérer[2] mes remerciements... je l'inviterai même cet hiver.

DANIEL, *à part* – Une tasse de thé !

PERRICHON – Il paraît que ce n'est pas la première fois qu'un pareil accident arrive à cet endroit-là... c'est un mauvais pas[3]... L'aubergiste vient de me raconter que, l'an dernier, un Russe... un prince... très bon cavalier !... car ma femme a beau dire, ça ne tient pas à mes éperons ! avait roulé dans le même trou.

DANIEL – En vérité ?

PERRICHON – Son guide l'a retiré... Vous voyez qu'on s'en retire parfaitement... Eh bien, le Russe lui a donné cent francs[4] !

DANIEL – C'est très bien payé !

---

notes

1. je ne lui sais pas moins gré : je ne lui suis pas moins reconnaissant.

2. réitérer : répéter.
3. pas : passage.

4. cent francs : somme qui représente la moitié du salaire mensuel de Majorin, par exemple.

PERRICHON – Je le crois bien !... Pourtant c'est ce que ça vaut !...

DANIEL – Pas un sou de plus. *(À part.)* Oh ! mais je ne pars pas.

PERRICHON, *remontant* – Ah çà ! ce guide n'arrive pas.

DANIEL – Est-ce que ces dames sont prêtes ?

PERRICHON – Non... elles ne viendront pas... vous comprenez ? mais je compte sur vous...

DANIEL – Et sur Armand ?

PERRICHON – S'il veut être des nôtres, je ne refuserai certainement pas la compagnie de M. Desroches.

DANIEL, *à part* – M. Desroches ! Encore un peu il va le prendre en grippe[1] !

L'AUBERGISTE, *entrant par la droite* – Monsieur !...

PERRICHON – Eh bien, ce guide ?

L'AUBERGISTE – Il est à la porte... Voici vos chaussons[2].

PERRICHON – Ah ! oui ! il paraît qu'on glisse dans les crevasses là-bas... et, comme je ne veux avoir d'obligation à personne...

L'AUBERGISTE, *lui présentant le registre* – Monsieur écrit-il sur le livre des voyageurs ?

PERRICHON – Certainement... mais je ne voudrais pas écrire quelque chose d'ordinaire... il me faudrait là... une pensée !... une jolie pensée... *(Rendant le livre à l'aubergiste.)* Je vais y rêver en mettant mes chaussons. *(À Daniel.)* Je suis à vous dans la minute.

Il entre à droite, suivi de l'aubergiste.

---

notes

1. prendre en grippe : avoir une antipathie soudaine pour quelqu'un.

2. chaussons : chaussures d'étoffe que l'on mettait sur ses souliers pour éviter de déraper sur le verglas.

Mise en scène de Laurent Pelly, maison de la culture de Loire-Atlantique, Nantes, 2002.

Au fil du texte

Questions sur l'acte II, scènes 1 à 5 (pages 37 à 50)

QUE S'EST-IL PASSÉ ?

1. Complétez les phrases suivantes.
a) Le décor du deuxième acte représente une ~~auberge~~ près de la mer de Glace.
b) ~~Daniel~~ évoque la fable du *Lièvre et la Tortue*.
c) Alors qu'il allait se promener, M. Perrichon est tombé de ~~cheval~~.
d) Il a été sauvé grâce à l'intervention d'Armand Desroches, un jeune ~~carrossier~~ Banquier.
e) L'aubergiste propose à M. Perrichon d'écrire sur ~~le livre d'or~~.

AVEZ-VOUS BIEN LU ?

2. Quelle est la profession de Daniel ?

3. À qui la maman d'Henriette offre-t-elle des pastilles de chocolat ?

4. Où se rend Armand, à la fin de la scène 1, après sa conversation avec Daniel ?

5. Selon Mme Perrichon, son mari a été imprudent. Pourquoi ?

6. Qui a prêté son journal à M. Perrichon pendant le trajet en train ?

ÉTUDIER LA GRAMMAIRE

7. À quoi servent les guillemets dans un texte ? Donnez quelques exemples empruntés à ces scènes.

Acte II, scènes 1 à 5

8. Qu'est-ce qu'une phrase nominale ? Donnez trois exemples empruntés à ces scènes. Pour quelle raison cette construction apparaît-elle fréquemment dans un dialogue théâtral ?

9. Relevez les conjonctions de coordination que vous connaissez dans la scène 5 et indiquez les relations logiques qu'elles établissent.

ÉTUDIER LE VOCABULAIRE

10. Relevez trois mots appartenant au lexique militaire dans la première scène.

11. Recherchez l'étymologie★ du mot « *gentilhomme* » (l. 35). Quelle pièce célèbre de Molière comprend ce mot dans son titre ?

12. Expliquez l'expression : « *nous sommes gens de loisir* » (l. 46).

13. Recherchez l'étymologie du mot « *pérégrinez* » (l. 56). Donnez un autre mot appartenant à la même famille★.

14. Quelle est l'étymologie du mot « *ingénieuse* » (l. 112) ? Donnez trois autres mots appartenant à la même famille.

étymologie : origine d'un mot.

famille de mots : ensemble de mots formés sur le même radical.

ÉTUDIER UN THÈME : LA VANITÉ

15. Armand se vante-t-il de ses exploits dans la scène 3 ? En quels termes Mme Perrichon remercie-t-elle Armand ? Et M. Perrichon ?

16. Quels sont les arguments qu'utilise M. Perrichon dans la scène 5 pour minimiser l'exploit d'Armand ?

Au fil du texte

ÉTUDIER LE DISCOURS

17. Qu'apprend-on sur le voyage en train ? Dans quelle scène nous donne-t-on ces informations ?

18. Daniel évoque « *le paiement d'un dividende* » (l. 55). À quel autre personnage ce détail fait-il penser ?

19. Comment apprend-on « l'exploit » d'Armand ? Quels sont les personnages qui évoquent la scène ? Quel rôle joue alors Armand ?

20. Quelles sont les tournures ou les mots qu'utilise M. Perrichon pour désigner son sauveur dans la scène 5 ? Observez-vous une évolution au fil des répliques ?

aparté :
ce qu'un personnage dit à part soi et qui est censé être entendu seulement des spectateurs.

ÉTUDIER LE GENRE : LA COMÉDIE

21. Qu'est-ce qu'un entracte ? L'action s'est-elle arrêtée ou a-t-elle progressé entre les deux actes ?

22. Quel personnage utilise des apartés* dans la scène 5 ? Quelle fonction remplissent ces apartés ?

23. Que propose M. Perrichon pour remercier Armand dans la scène 5 ? Ces « récompenses » vous semblent-elles adaptées ?

ÉTUDIER L'ÉCRITURE

24. Citez deux réflexions qui démontrent l'humour de Daniel dans la scène 1.

25. Daniel cite un poète : il avait déjà cité un roman dans le premier acte. Lequel ? Que peut-on en déduire ?

26. Relevez une remarque ironique de Daniel à l'égard de M. Perrichon dans la conversation qui les réunit.

Acte II, scènes 1 à 5

LIRE L'IMAGE

27. Quels sont les deux personnages présents sur la photographie de la page 51 ? Comment pouvez-vous les identifier ?

À VOS PLUMES !

28. Imaginez que chacun des personnages inscrive un mot dans le livre des voyageurs. Vous rédigerez des mots de trois lignes maximum.

29. Daniel évoque l'épisode du cigare fumé par M. Perrichon : « *Hier, j'ai voulu faire fumer le beau-père... ça ne lui a pas réussi...* » (l. 99-100). Racontez cette scène.

30. Rédigez un article de journal qui évoquera l'incident survenu sur la mer de Glace.

RECHERCHES ET EXPOSÉS

31. Faites une recherche sur la peinture de Gustave Courbet et le mouvement réaliste au XIXe siècle.

32. Les Français en voyage. Dans un chapitre des *Essais* (III, 9, « De la vanité »), Montaigne critique l'attitude des Français en voyage. Recherchez ce texte et analysez les arguments et critiques utilisés par Montaigne.

DÉBAT

33. Imaginez que vous sauviez la vie de quelqu'un. Attendriez-vous une récompense particulière ou non ?

Scène 6

DANIEL, *puis* ARMAND

320 DANIEL, *seul* – Ce carrossier est un trésor d'ingratitude. Or, les trésors appartiennent à ceux qui les trouvent, article 716 du Code civil[1]...

ARMAND, *paraissant à la porte du fond* – Eh bien ?

DANIEL, *à part* – Pauvre garçon !

325 ARMAND – L'avez-vous vu ?

DANIEL – Oui.

ARMAND – Lui avez-vous parlé ?

DANIEL – Je lui ai parlé.

ARMAND – Alors vous avez fait ma demande ?...

330 DANIEL – Non.

ARMAND – Tiens ! pourquoi ?

DANIEL – Nous nous sommes promis d'être francs vis-à-vis l'un de l'autre... Eh bien, mon cher Armand, je ne pars plus, je continue la lutte.

335 ARMAND, *étonné* – Ah ! c'est différent !... et peut-on vous demander les motifs qui ont changé votre détermination ?

DANIEL – Les motifs... j'en ai un puissant... je crois réussir.

ARMAND – Vous ?

DANIEL – Je compte prendre un autre chemin que le vôtre
340 et arriver plus vite.

ARMAND – C'est très bien... vous êtes dans votre droit...

---

note

1. Code civil : recueil de lois.

Acte II, scène 7

DANIEL – Mais la lutte n'en continuera pas moins loyale et amicale ?

ARMAND – Oui.

345 **DANIEL** – Voilà un oui un peu sec !

ARMAND – Pardon... *(Lui tendant la main.)* Daniel, je vous le promets...

DANIEL – À la bonne heure.

Il remonte.

Scène 7

LES MÊMES, PERRICHON,
puis L'AUBERGISTE

350 **PERRICHON** – Je suis prêt... j'ai mis mes chaussons... Ah ! monsieur Armand.

ARMAND – Vous sentez-vous remis de votre chute ?

PERRICHON – Tout à fait ! ne parlons plus de ce petit accident... c'est oublié !

355 **DANIEL**, *à part* – Oublié ! Il est plus vrai que la nature...

PERRICHON – Nous partons pour la mer de Glace... êtes-vous des nôtres ?

ARMAND – Je suis un peu fatigué... je vous demanderai la permission de rester...

360 **PERRICHON**, *avec empressement* – Très volontiers ! ne vous gênez pas ! *(À l'aubergiste, qui entre.)* Ah ! monsieur l'aubergiste, donnez-moi le livre des voyageurs.

Il s'assied à droite et écrit.

LE VOYAGE DE MONSIEUR PERRICHON

DANIEL, *à part* – Il paraît qu'il a trouvé sa pensée... la jolie
365   pensée.

PERRICHON, *achevant d'écrire* – Là !... voilà ce que c'est !
(Lisant avec emphase[1].*)* « Que l'homme est petit quand on
le contemple du haut de la *mère* de Glace ! »

DANIEL – Sapristi ! c'est fort !

370   ARMAND, *à part* – Courtisan !

PERRICHON, *modestement* – Ce n'est pas l'idée de tout le monde.

DANIEL, *à part* – Ni l'orthographe ; il a écrit *mère, r e, re* !

PERRICHON, *à l'aubergiste, lui montrant le livre ouvert sur la
table* – Prenez garde ! c'est frais !

375   L'AUBERGISTE – Le guide attend ces messieurs avec les
bâtons ferrés.

PERRICHON – Allons ! en route !

DANIEL – En route !

Daniel et Perrichon sortent suivis de l'aubergiste.

Scène 8

ARMAND, *puis* L'AUBERGISTE
et LE COMMANDANT MATHIEU

380   ARMAND – Quel singulier revirement chez Daniel !
Ces dames sont là... elles ne peuvent tarder à sortir, je
veux les voir... leur parler... *(S'asseyant vers la cheminée et
prenant un journal.)* Je vais les attendre.

---

note

1. avec emphase :
sur un ton solennel.

Acte II, scène 8

L'AUBERGISTE, *à la cantonade* – Par ici, monsieur...

385 LE COMMANDANT, *entrant* – Je ne reste qu'une minute... je repars à l'instant pour la mer de Glace... *(S'asseyant devant la table sur laquelle est resté le registre ouvert.)* Faites-moi servir un grog au kirsch[1], je vous prie.

L'AUBERGISTE, *sortant par la droite* – Tout de suite, monsieur.

390 LE COMMANDANT, *apercevant le registre* – Ah ! ah ! le livre des voyageurs ! voyons !... *(Lisant.)* « Que l'homme est petit quand on le contemple du haut de la *mère* de Glace ! » *Signé* Perrichon... *Mère !* Voilà un monsieur qui mérite une leçon d'orthographe.

395 L'AUBERGISTE, *apportant le grog* – Voici, monsieur.

Il le pose sur la table à gauche.

LE COMMANDANT, *tout en écrivant sur le registre* – Ah ! monsieur l'aubergiste.

L'AUBERGISTE – Monsieur ?

400 LE COMMANDANT – Vous n'auriez pas, parmi les personnes qui sont venues chez vous ce matin, un voyageur du nom d'Armand Desroches ?

ARMAND – Hein ?... c'est moi, monsieur.

LE COMMANDANT, *se levant* – Vous, monsieur ?... pardon.
405 *(À l'aubergiste.)* Laissez-nous. *(L'aubergiste sort.)* C'est bien à M. Armand Desroches de la maison Turneps, Desroches et Cie que j'ai l'honneur de parler ?

ARMAND – Oui, monsieur...

---

note

1. grog au kirsch : boisson composée d'eau chaude, de jus de citron et d'un alcool fort (ici le kirsch).

LE VOYAGE DE MONSIEUR PERRICHON

LE COMMANDANT – Je suis le commandant Mathieu.

410 *Il s'assied à gauche et prend son grog.*

ARMAND – Ah ! enchanté !... mais je ne crois pas avoir l'avantage de vous connaître, commandant.

LE COMMANDANT – Vraiment ? Alors je vous apprendrai que vous me poursuivez à outrance[1] pour une lettre de 415 change[2] que j'ai eu l'imprudence de mettre dans la circulation...

ARMAND – Une lettre de change ?

LE COMMANDANT – Vous avez même obtenu contre moi une prise de corps[3].

420 **ARMAND** – C'est possible, commandant, mais ce n'est pas moi, c'est la maison qui agit.

LE COMMANDANT – Aussi n'ai-je aucun ressentiment contre vous... ni contre votre maison... seulement, je tenais à vous dire que je n'avais pas quitté Paris pour 425 échapper aux poursuites.

ARMAND – Je n'en doute pas.

LE COMMANDANT – Au contraire !... Dès que je serai de retour à Paris, dans une quinzaine, avant peut-être... je vous le ferai savoir et je vous serai infiniment obligé de 430 me faire mettre à Clichy[4]... le plus tôt possible...

ARMAND – Vous plaisantez, commandant...

---

notes

1. à outrance : sans pitié.

2. lettre de change : reconnaissance de dette.

3. prise de corps : mesure d'arrestation.

4. mettre à Clichy : depuis 1826, les personnes emprisonnées pour dettes étaient incarcérées dans une prison située au 70, rue de Clichy.

Acte II, scène 8

LE COMMANDANT – Pas le moins du monde !... Je vous demande cela comme un service...

ARMAND – J'avoue que je ne comprends pas...

435 LE COMMANDANT ; *ils se lèvent* – Mon Dieu, je suis moi-même un peu embarrassé pour vous expliquer... Pardon, êtes-vous garçon[1] ?

ARMAND – Oui, commandant.

LE COMMANDANT – Oh ! alors je puis vous faire ma
440 confession... J'ai le malheur d'avoir une faiblesse... J'aime.

ARMAND – Vous ?

LE COMMANDANT – C'est bien ridicule à mon âge, n'est-ce pas ?

445 ARMAND – Je ne dis pas ça.

LE COMMANDANT – Oh ! ne vous gênez pas ! Je me suis affolé d'une petite... égarée que j'ai rencontrée un soir au bal Mabille[2]... Elle se nomme Anita...

ARMAND – Anita ! J'en ai connu une.

450 LE COMMANDANT – Ce doit être celle-là !... Je comptais m'en amuser trois jours, et voilà trois ans qu'elle me tient ! Elle me trompe, elle me ruine, elle me rit au nez !... Je passe ma vie à lui acheter des mobiliers[3]... qu'elle revend le lendemain !... je veux la quitter, je pars, je fais deux
455 cents lieues[4] ; j'arrive à la mer de Glace... et je ne suis pas sûr de ne pas retourner ce soir à Paris... C'est plus fort

notes

1. garçon : célibataire.
2. bal Mabille : fondé en 1840 par le danseur Mabille, ce bal était situé avenue

Montaigne à Paris. Il était réputé et l'on pouvait y faire de fort galantes rencontres.
3. mobiliers : meubles.

4. lieue : ancienne unité de mesure équivalent environ à 4 kilomètres.

que moi !... L'amour à cinquante ans... voyez-vous... c'est comme un rhumatisme, rien ne le guérit.

ARMAND, *riant* − Commandant, je n'avais pas besoin de cette confidence pour arrêter les poursuites... je vais écrire immédiatement à Paris...

LE COMMANDANT, *vivement* − Mais du tout ! n'écrivez pas ! Je tiens à être enfermé ; c'est peut-être un moyen de guérison. Je n'en ai pas encore essayé.

ARMAND − Mais cependant...

LE COMMANDANT − Permettez ! j'ai la loi pour moi.

ARMAND − Allons, commandant, puisque vous le voulez...

LE COMMANDANT − Je vous en prie... instamment[1]... Dès que je serai de retour... je vous ferai passer ma carte[2] et vous pourrez faire instrumenter[3]... Je ne sors jamais avant dix heures. *(Saluant.)* Monsieur, je suis bien heureux d'avoir eu l'honneur de faire votre connaissance.

ARMAND − Mais c'est moi, commandant...

Ils se saluent. Le commandant sort par le fond.

Scène 9

ARMAND, *puis* MADAME PERRICHON, *puis* HENRIETTE

ARMAND − À la bonne heure ! il n'est pas banal, celui-là ! *(Apercevant Mme Perrichon qui entre de la gauche.)* Ah ! madame Perrichon !

notes

1. instamment : avec insistance.
2. carte : carte de visite.
3. instrumenter : faire dresser officiellement l'acte juridique (faire procéder à l'arrestation).

Acte II, scène 9

MADAME PERRICHON – Comment ! vous êtes seul, monsieur ? Je croyais que vous deviez accompagner ces messieurs.

480 **ARMAND** – Je suis déjà venu ici l'année dernière, et j'ai demandé à M. Perrichon la permission de me mettre à vos ordres.

MADAME PERRICHON – Ah ! monsieur... *(À part.)* C'est tout à fait un homme du monde... *(Haut.)* Vous aimez 485 beaucoup la Suisse ?

ARMAND – Il faut bien aller quelque part.

MADAME PERRICHON – Oh ! moi, je ne voudrais pas habiter ce pays-là... il y a trop de précipices et de montagnes... Ma famille est de la Beauce[1]...

490 **ARMAND** – Ah ! je comprends.

MADAME PERRICHON – Près d'Étampes...

ARMAND, *à part* – Nous devons avoir un correspondant à Étampes ; ce serait un lien. *(Haut.)* Vous ne connaissez pas M. Pingley, à Étampes ?

495 **MADAME PERRICHON** – Pingley ?... c'est mon cousin ! Vous le connaissez ?

ARMAND – Beaucoup. *(À part.)* Je ne l'ai jamais vu !

MADAME PERRICHON – Quel homme charmant !

ARMAND – Ah ! oui !

500 **MADAME PERRICHON** – C'est un bien grand malheur qu'il ait son infirmité !

ARMAND – Certainement... c'est un bien grand malheur !

---

note

1. Beauce : plaine céréalière au sud-ouest de la Région parisienne.

MADAME PERRICHON – Sourd à quarante-sept ans !

ARMAND, *à part* – Tiens ! il est sourd notre correspondant ? C'est donc pour ça qu'il ne répond jamais à nos lettres.

MADAME PERRICHON – Est-ce singulier ? c'est un ami de Pingley qui sauve mon mari... Il y a de bien grands hasards dans le monde.

ARMAND – Souvent aussi on attribue au hasard des péripéties dont il est parfaitement innocent.

MADAME PERRICHON – Ah ! oui... souvent aussi on attribue... *(À part.)* Qu'est-ce qu'il veut dire ?

ARMAND – Ainsi, madame, notre rencontre en chemin de fer, puis à Lyon, puis à Genève, à Chamouny, ici même, vous mettez tout cela sur le compte du hasard ?

MADAME PERRICHON – En voyage, on se retrouve...

ARMAND – Certainement... surtout quand on se cherche.

MADAME PERRICHON – Comment ?

ARMAND – Oui, madame, il ne m'est pas permis de jouer plus longtemps la comédie du hasard ; je vous dois la vérité, pour vous, pour mademoiselle votre fille.

MADAME PERRICHON – Ma fille !

ARMAND – Me pardonnerez-vous ? Le jour où je la vis, j'ai été touché, charmé... J'ai appris que vous partiez pour la Suisse... et je suis parti.

MADAME PERRICHON – Mais, alors, vous nous suivez ?...

ARMAND – Pas à pas... Que voulez-vous !... j'aime...

MADAME PERRICHON – Monsieur !

ARMAND – Oh ! rassurez-vous ! j'aime avec tout le respect, toute la discrétion qu'on doit à une jeune fille dont on serait heureux de faire sa femme.

Acte II, scène 10

MADAME PERRICHON, *perdant la tête, à part* – Une demande en mariage ! et Perrichon qui n'est pas là ! *(Haut.)* Certainement, monsieur... je suis charmée... non, 535 flattée !... parce que vos manières... votre éducation... Pingley... le service que vous nous avez rendu... mais M. Perrichon est sorti... pour la mer de Glace... et aussitôt qu'il rentrera...

HENRIETTE, *entrant vivement* – Maman !... *(S'arrêtant.)* Ah ! 540 tu causais avec M. Armand ?

MADAME PERRICHON, *troublée* – Nous causions, c'est-à-dire oui ! nous parlions de Pingley ! monsieur connaît Pingley. – N'est-ce pas ?

ARMAND – Certainement, je connais Pingley !

545 **HENRIETTE** – Oh ! quel bonheur !

MADAME PERRICHON, *à Henriette* – Ah ! comme tu es coiffée !... et ta robe ! ton col ! *(Bas.)* Tiens-toi donc droite !

HENRIETTE, *étonnée* – Qu'est-ce qu'il y a ?

550 *Cris et tumulte au-dehors.*

MADAME PERRICHON et **HENRIETTE** – Ah ! mon Dieu !

ARMAND – Ces cris...

Scène 10

LES MÊMES, PERRICHON, DANIEL, LE GUIDE, L'AUBERGISTE

Daniel entre, soutenu par l'aubergiste et par le guide.

PERRICHON, *très ému* – Vite ! de l'eau ! du sel ! du vinaigre ! 555 *Il fait asseoir Daniel.*

TOUS – Qu'y a-t-il ?

PERRICHON – Un événement affreux ! *(S'interrompant.)* Faites-le boire ! frottez-lui les tempes !

DANIEL – Merci... Je me sens mieux.

ARMAND – Qu'est-il arrivé ?

DANIEL – Sans le courage de M. Perrichon...

PERRICHON, *vivement* – Non, pas vous ! ne parlez pas !... *(Racontant.)* C'est horrible !... Nous étions sur la mer de Glace... Le mont Blanc nous regardait, tranquille et majestueux...

DANIEL, *à part* – Le récit de Théramène[1] !

MADAME PERRICHON – Mais dépêche-toi donc !

HENRIETTE – Mon père !

PERRICHON – Un instant, que diable ! Depuis cinq minutes, nous suivions, tout pensifs, un sentier abrupt qui serpentait entre deux crevasses... de glace ! Je marchais le premier.

MADAME PERRICHON – Quelle imprudence !

PERRICHON – Tout à coup, j'entends derrière moi comme un éboulement ; je me retourne : monsieur venait de disparaître dans un de ces abîmes sans fond dont la vue seule fait frissonner...

MADAME PERRICHON, *impatiente* – Mon ami...

---

note

1. le récit de Théramène : dans *Phèdre* de Racine (acte V, scène 6), Théramène, précepteur d'Hippolyte, raconte longuement à Thésée, père du jeune homme, la mort de son protégé.

Acte II, scène 10

PERRICHON – Alors, n'écoutant que mon courage, moi, père de famille, je m'élance...

MADAME PERRICHON et **HENRIETTE** – Ciel !

PERRICHON – Sur le bord du précipice, je lui tends mon bâton ferré... Il s'y cramponne. Je tire... il tire... nous tirons, et, après une lutte insensée, je l'arrache au néant et je le ramène à la face du soleil, notre père à tous !...

Il s'essuie le front avec son mouchoir.

HENRIETTE – Oh ! papa !

MADAME PERRICHON – Mon ami !

PERRICHON, *embrassant sa femme et sa fille* – Oui, mes enfants, c'est une belle page...

ARMAND, *à Daniel* – Comment vous trouvez-vous ?

DANIEL, *bas* – Très bien ! ne vous inquiétez pas ! *(Il se lève.)* Monsieur Perrichon, vous venez de rendre un fils à sa mère...

PERRICHON, *majestueusement* – C'est vrai.

DANIEL – Un frère à sa sœur !

PERRICHON – Et un homme à la société.

DANIEL – Les paroles sont impuissantes pour reconnaître un tel service.

PERRICHON – C'est vrai !

DANIEL – Il n'y a que le cœur... entendez-vous, le cœur !

PERRICHON – Monsieur Daniel ! Non, laissez-moi vous appeler Daniel.

DANIEL – Comment donc ! *(À part.)* Chacun son tour !

PERRICHON, *ému* – Daniel, mon ami, mon enfant !... votre main. *(Il lui prend la main.)* Je vous dois les plus douces émotions de ma vie... Sans moi, vous ne seriez qu'une

masse informe et repoussante, ensevelie sous les frimas[1]...
Vous me devez tout, tout ! *(Avec noblesse.)* Je ne l'oublierai
610   jamais !

DANIEL – Ni moi !

PERRICHON, *à Armand, en s'essuyant les yeux* – Ah ! jeune
homme !... vous ne savez pas le plaisir qu'on éprouve à
sauver son semblable.

615   HENRIETTE – Mais, papa, monsieur le sait bien, puisque
tantôt...

PERRICHON, *se rappelant* – Ah ! oui, c'est juste ! – Monsieur
l'aubergiste, apportez-moi le livre des voyageurs.

MADAME PERRICHON – Pour quoi faire ?

620   PERRICHON – Avant de quitter ces lieux, je désire
consacrer par une note le souvenir de cet événement !

L'AUBERGISTE, *apportant le registre* – Voilà, monsieur.

PERRICHON – Merci... Tiens, qui est-ce qui a écrit ça ?

TOUS – Quoi donc ?

625   PERRICHON, *lisant* – « Je ferai observer à M. Perrichon que
la mer de Glace n'ayant pas d'enfant, l'*e* qu'il lui attribue
devient un dévergondage[2] grammatical. » *Signé :* « Le
Commandant. »

TOUS – Hein ?

630   HENRIETTE, *bas, à son père* – Oui, papa ! mer ne prend pas
d'*e* à la fin.

---

notes

1. frimas : lexique poétique : **2. dévergondage :** vice.
brouillard épais et froid
formant des dépôts
de givre.

Acte II, scène 10

PERRICHON – Je le savais ! Je vais lui répondre à ce monsieur. *(Il prend une plume et écrit.)* « Le commandant est... un paltoquet[1] ! » *Signé :* « Perrichon. »

635 **LE GUIDE**, *rentrant* – La voiture est là.

PERRICHON – Allons, dépêchons-nous. *(Aux jeunes gens.)* Messieurs, si vous voulez accepter une place ?

Armand et Daniel s'inclinent.

MADAME PERRICHON, *appelant son mari* – Perrichon, aide-
640 moi à mettre mon manteau. *(Bas.)* On vient de me demander notre fille en mariage...

PERRICHON – Tiens ! à moi aussi !

MADAME PERRICHON – C'est M. Armand.

PERRICHON – Moi, c'est Daniel... mon ami Daniel.

645 **MADAME PERRICHON** – Mais il me semble que l'autre...

PERRICHON – Nous parlerons de cela plus tard...

HENRIETTE, *à la fenêtre* – Ah ! il pleut à verse !

PERRICHON – Ah diable ! *(À l'aubergiste.)* Combien tient-on dans votre voiture ?

650 **L'AUBERGISTE** – Quatre dans l'intérieur et un à côté du cocher...

PERRICHON – C'est juste le compte.

ARMAND – Ne vous gênez pas pour moi.

PERRICHON – Daniel montera avec nous.

655 **HENRIETTE**, *bas, à son père* – Et M. Armand ?

---

note

1. paltoquet : individu grossier et prétentieux.

LE VOYAGE DE MONSIEUR PERRICHON

PERRICHON, *bas* – Dame, il n'y a que quatre places ! il montera sur le siège.

HENRIETTE – Par une pluie pareille !

MADAME PERRICHON – Un homme qui t'a sauvé !

660 **PERRICHON** – Je lui prêterai mon caoutchouc[1] !

HENRIETTE – Ah !

PERRICHON – Allons ! en route ! en route !

DANIEL, *à part* – Je savais bien que je reprendrais la corde[2] !

notes

1. caoutchouc : vêtement de pluie en caoutchouc.

2. reprendre la corde : métaphore sportive : être en tête (être au plus proche de la corde qui délimite la piste, c'est, en effet, suivre la trajectoire la plus rapide).

Au fil du texte

Questions sur l'acte II, scènes 6 à 10 (pages 56 à 70)

QUE S'EST-IL PASSÉ ?

1. Complétez les phrases suivantes.
a) Après son entrevue avec M. Perrichon, Daniel rencontre ...Armand...... .
b) Pour ...le commandant... M. Perrichon est un *« trésor d'ingratitude »* (l. 320).
c) Armand rencontre le commandant dans ...l'auberge...
d) Ce dernier demande à Armand de le placer à Clichy, c'est-à-dire dans une ...prison...... .
e) Pingley est le ...cousin...... de Mme Perrichon.

AVEZ-VOUS BIEN LU ?

2. Pour quelles raisons, selon vous, Daniel décide-t-il de continuer la *« lutte »* (l. 334) ?

3. Quel est le message écrit par M. Perrichon sur le livre des voyageurs ?

4. Quelle faute d'orthographe M. Perrichon commet-il ?

5. Qui affirme que M. Perrichon *« mérite une leçon d'orthographe »* (l. 393-394) ?

6. De quelle infirmité Pingley est-il affecté ?

ÉTUDIER LA GRAMMAIRE

7. Quelles sont les différentes valeurs du présent que vous connaissez ?

8. Donnez deux exemples de présent de vérité générale dans ces scènes.

_____ Au fil du texte _____

ÉTUDIER LE VOCABULAIRE

9. Donnez deux mots appartenant à la famille★ d'« *ingratitude* » (l. 320).

10. Qu'appelle-t-on des homonymes ? Donnez un exemple emprunté à la scène 7.

11. Que veut dire le mot « *courtisan* » (l. 370) employé par Armand dans la scène 7 ?

12. Quelle est la signification du mot « *dévergondage* » (l. 627) ? Vous préciserez la formation et l'étymologie★ du mot.

famille de mots : ensemble de mots formés sur le même radical.

étymologie : origine d'un mot.

ÉTUDIER UN THÈME : LA VANITÉ

13. Quelles sont les indications scéniques qui soulignent la vanité de M. Perrichon ?

14. Notez trois remarques de M. Perrichon qui signalent sa fierté dans la scène 10.

ÉTUDIER LE DISCOURS

15. Quelle remarque de M. Perrichon montre qu'il tient à la phrase qu'il a notée sur le livre des voyageurs ?

16. Quelles expressions soulignent que M. Perrichon veut garder ses distances avec Armand ?

17. Quelles sont les expressions d'Armand qui pourraient être interprétées comme une déclaration d'amour par Mme Perrichon ?

ÉTUDIER LE GENRE : LA COMÉDIE

18. Qu'apprend-on sur les relations amoureuses du commandant dans ces scènes ?

Acte II, scènes 6 à 10

19. Dans quelle scène les deux intrigues, jusqu'ici parallèles, se croisent-elles ?

20. Comparez les scènes 3 et 10 de cet acte. Combien de répliques★ M. Perrichon utilise-t-il dans les deux cas pour évoquer l'accident ? Comparez son discours à celui d'Armand. Que remarquez-vous ?

21. Quels sont les différents signes qui montrent, dans la scène 10, que Daniel a repris la corde (« *Je savais bien que je reprendrais la corde !* », l. 663) ?

réplique : propos tenu par un personnage dans un dialogue.

ÉTUDIER L'ÉCRITURE

22. Quel personnage, dans la scène 7, fait preuve d'ironie à l'égard de M. Perrichon ? Pourquoi ?

23. À quoi le commandant compare-t-il l'amour ? Que pensez-vous de cette comparaison★ ?

24. Relevez deux jeux de mots dans ces scènes (un d'Armand, un de Daniel).

25. Quelle réplique de la scène 10 est la reprise intégrale d'une phrase prononcée quelques scènes auparavant ? Pourquoi, selon vous ?

comparaison : mise en relation de deux éléments pour en souligner la ressemblance, en utilisant un outil de comparaison (comme, tel).

À VOS PLUMES !

26. Le commandant raconte sa rencontre avec Anita. Cette rencontre sera rapportée ensuite du point de vue, quelque peu ironique, de son serviteur.

27. Imaginez qu'Anita pénètre dans l'auberge en compagnie d'un autre homme. Racontez la suite.

28. Vous avez peut-être été victime de l'ingratitude d'un(e) ami(e) après lui avoir rendu service. Racontez cette expérience.

Au fil du texte — Acte II, scènes 6 à 10

RECHERCHE ET EXPOSÉ

29. Préparez un exposé sur le groupe d'artistes appelé « l'école de Barbizon ».

DÉBAT

30. Pensez-vous que la vanité explique certains comportements humains et certaines réactions ? Donnez des exemples pour illustrer votre réponse.

Un salon chez Perrichon, à Paris.
– Cheminée au fond ; porte d'entrée dans l'angle à gauche ; appartement dans l'angle à droite ; salle à manger à gauche ; au milieu, guéridon[1] *avec tapis ; canapé à droite du guéridon.*

Scène 1

JEAN, *seul, achevant d'essuyer un fauteuil* – Midi moins un quart... C'est aujourd'hui que M. Perrichon revient de voyage avec madame et mademoiselle... J'ai reçu hier une lettre de monsieur... la voilà. *(Lisant.)* « Grenoble, 5 juillet. Nous arriverons mercredi, 7 juillet, à midi. Jean nettoiera l'appartement et fera poser les rideaux. » *(Parlé.)* C'est fait. *(Lisant.)* « Il dira à Marguerite, la cuisinière, de nous préparer le dîner.

---
note
1. guéridon : petite table ronde à un seul pied.

Elle mettra le pot-au-feu... un morceau pas trop gras... de plus, comme il y a longtemps que nous n'avons mangé de poisson de mer, elle nous achètera une petite barbue bien fraîche... Si la barbue était trop chère, elle la remplacerait par un morceau de veau à la casserole. » *(Parlé.)* Monsieur peut arriver... tout est prêt...Voilà ses journaux, ses lettres, ses cartes de visite...Ah ! par exemple, il est venu ce matin de bonne heure un monsieur que je ne connais pas... il m'a dit qu'il s'appelait le Commandant... Il doit repasser. *(Coup de sonnette à la porte extérieure.)* On sonne !... c'est monsieur... je reconnais sa main !...

Scène 2

JEAN, PERRICHON,
MADAME PERRICHON, HENRIETTE

Ils portent des sacs de nuit et des cartons.

PERRICHON – Jean !... c'est nous !

JEAN – Ah ! monsieur !... madame !... mademoiselle !...

Il les débarrasse de leurs paquets.

PERRICHON – Ah ! qu'il est doux de rentrer chez soi, de voir ses meubles, de s'y asseoir.

Il s'assoit sur le canapé.

Acte III, scène 2

Madame Perrichon, *assise à gauche* – Nous devrions être de retour depuis huit jours...

Perrichon – Nous ne pouvions passer à Grenoble sans aller voir les Darinel... ils nous ont retenus... *(À Jean.)* Est-il venu quelque chose pour moi en mon absence ?

Jean – Oui, monsieur... tout est là sur la table.

Perrichon, *prenant des cartes de visite* – Que de visites ! *(Lisant.)* Armand Desroches...

Henriette, *avec joie* – Ah !

Perrichon – Daniel Savary... brave jeune homme !... Armand Desroches... Daniel Savary... charmant jeune homme !... Armand Desroches...

Jean – Ces messieurs sont venus tous les jours s'informer de votre retour.

Madame Perrichon – Tu leur dois une visite.

Perrichon – Certainement j'irai le voir... ce brave Daniel !

Henriette – Et M. Armand ?

Perrichon – J'irai le voir aussi... après.

Il se lève.

Henriette, *à Jean* – Aidez-moi à porter ces cartons dans la chambre.

Jean – Oui, mademoiselle. *(Regardant Perrichon.)* Je trouve monsieur engraissé. On voit qu'il a fait un bon voyage.

Perrichon – Splendide, mon ami, splendide ! Ah ! tu ne sais pas, j'ai sauvé un homme.

Jean, *incrédule* – Monsieur ?... Allons donc !...

Il sort avec Henriette par la droite.

LE VOYAGE DE MONSIEUR PERRICHON

Scène 3

PERRICHON,
MADAME PERRICHON

55 PERRICHON – Comment, allons donc ?... Est-il bête, cet animal-là !

MADAME PERRICHON – Maintenant que nous voilà de retour, j'espère que tu vas prendre un parti[1]... Nous ne pouvons tarder plus longtemps à rendre réponse à ces
60 deux jeunes gens... deux prétendus[2] dans la maison... c'est trop !...

PERRICHON – Moi, je n'ai pas changé d'avis... j'aime mieux Daniel !

MADAME PERRICHON – Pourquoi ?

65 PERRICHON – Je ne sais pas... je le trouve plus... enfin, il me plaît, ce jeune homme !

MADAME PERRICHON – Mais l'autre... l'autre t'a sauvé !

PERRICHON – Il m'a sauvé ! Toujours le même refrain !

MADAME PERRICHON – Qu'as-tu à lui reprocher ? Sa
70 famille est honorable, sa position excellente...

PERRICHON – Mon Dieu, je ne lui reproche rien... je ne lui en veux pas, à ce garçon !

MADAME PERRICHON – Il ne manquerait plus que ça !

PERRICHON – Mais je lui trouve un petit air pincé.

75 MADAME PERRICHON – Lui ?

---

notes

1. prendre un parti : faire un choix.

2. deux prétendus : il faut comprendre plutôt deux « prétendants ».

Acte III, scène 3

PERRICHON – Oui, il a un ton protecteur... des manières... il semble toujours se prévaloir[1] du petit service qu'il m'a rendu...

MADAME PERRICHON – Il ne t'en parle jamais !

80 **PERRICHON** – Je le sais bien ! mais c'est son air ! son air me dit : « Hein ! sans moi ?... » C'est agaçant à la longue ; tandis que l'autre...

MADAME PERRICHON – L'autre te répète sans cesse : « Hein ! sans vous... hein ! sans vous ? » Cela flatte ta
85 vanité... et voilà... et voilà pourquoi tu le préfères.

PERRICHON – Moi, de la vanité ? J'aurais peut-être le droit d'en avoir !

MADAME PERRICHON – Oh !

PERRICHON – Oui, madame !... l'homme qui a risqué sa
90 vie pour sauver son semblable peut être fier de lui-même... mais j'aime mieux me renfermer dans un silence modeste... signe caractéristique du vrai courage !

MADAME PERRICHON – Mais tout cela n'empêche pas que M. Armand...

95 **PERRICHON** – Henriette n'aime pas... ne peut pas aimer M. Armand !

MADAME PERRICHON – Qu'en sais-tu ?

PERRICHON – Dame, je suppose...

MADAME PERRICHON – Il y a un moyen de le savoir : c'est
100 de l'interroger... et nous choisirons celui qu'elle préférera.

PERRICHON – Soit !... mais ne l'influence pas !

MADAME PERRICHON – La voici.

---

note

1. se prévaloir : tirer avantage.

Scène 4

PERRICHON, MADAME PERRICHON, HENRIETTE

MADAME PERRICHON, *à sa fille qui entre* – Henriette... ma chère enfant... ton père et moi, nous avons à te parler sérieusement.

HENRIETTE – À moi ?

PERRICHON – Oui.

MADAME PERRICHON – Te voilà bientôt en âge d'être mariée... deux jeunes gens se présentent pour obtenir ta main... tous deux nous conviennent... mais nous ne voulons pas contrarier ta volonté, et nous avons résolu de te laisser l'entière liberté du choix.

HENRIETTE – Comment ?

PERRICHON – Pleine et entière...

MADAME PERRICHON – L'un de ces jeunes gens est M. Armand Desroches.

HENRIETTE – Ah !

PERRICHON, *vivement* – N'influence pas !...

MADAME PERRICHON – L'autre est M. Daniel Savary...

PERRICHON – Un jeune homme charmant, distingué, spirituel et qui, je ne le cache pas, a toutes mes sympathies...

MADAME PERRICHON – Mais tu influences...

PERRICHON – Du tout ! je constate un fait !... *(À sa fille.)* Maintenant te voilà éclairée... choisis...

HENRIETTE – Mon Dieu !... vous m'embarrassez beaucoup... et je suis prête à accepter celui que vous me désignerez...

Acte III, scène 4

**M. Perrichon (Jean le Poulain), Henriette (Marcelline Collard),
Mme Perrichon (Yvonne Gaudeau), mise en scène de Jean le Poulain,
Comédie-Française, 1982.**

PERRICHON – Non ! non ! décide toi-même !

130 **MADAME PERRICHON** – Parle, mon enfant !

HENRIETTE – Eh bien, puisqu'il faut absolument faire un choix, je choisis... M. Armand.

MADAME PERRICHON – Là !

PERRICHON – Armand ! Pourquoi pas Daniel ?

135 **HENRIETTE** – Mais M. Armand t'a sauvé, papa.

PERRICHON – Allons, bien ! encore ! c'est fatigant, ma parole d'honneur !

MADAME PERRICHON – Eh bien, tu vois... il n'y a pas à hésiter...

140 **PERRICHON** – Ah ! mais permets, chère amie, un père ne peut pas abdiquer... Je réfléchirai, je prendrai mes renseignements.

MADAME PERRICHON, *bas* – Monsieur Perrichon, c'est de la mauvaise foi !

145 **PERRICHON** – Caroline !...

Scène 5   LES MÊMES, JEAN, MAJORIN

JEAN, *à la cantonade* – Entrez !... ils viennent d'arriver !
Majorin entre.

PERRICHON – Tiens ! c'est Majorin !...

MAJORIN, *saluant* – Madame... mademoiselle... j'ai appris
150 que vous reveniez aujourd'hui... alors j'ai demandé un jour de congé... j'ai dit que j'étais de garde...

Acte III, scène 5

PERRICHON – Ce cher ami ! c'est très aimable... Tu dînes avec nous ? nous avons une petite barbue...

MAJORIN – Mais... si ce n'est pas indiscret...

155 **JEAN**, *bas, à Perrichon* – Monsieur... c'est du veau à la casserole !

PERRICHON – Ah ! *(À Majorin.)* Allons, n'en parlons plus, ce sera pour une autre fois...

MAJORIN, *à part* – Comment ! il me désinvite ? S'il croit
160 que j'y tiens, à son dîner ! *(Prenant Perrichon à part. Les dames s'asseyent sur le canapé.)* J'étais venu pour te parler des six cents francs que tu m'as prêtés le jour de ton départ...

PERRICHON – Tu me les rapportes ?

165 **MAJORIN** – Non... Je ne touche que demain mon dividende des paquebots... mais à midi précis...

PERRICHON – Oh ! ça ne presse pas !

MAJORIN – Pardon... j'ai hâte de m'acquitter...

PERRICHON – Ah ! tu ne sais pas ?... je t'ai rapporté un
170 souvenir.

MAJORIN – *Il s'assied derrière le guéridon.* Un souvenir ! à moi ?

PERRICHON, *s'asseyant* – En passant à Genève, j'ai acheté trois montres... une pour Jean, une pour Marguerite,
175 la cuisinière... et une pour toi, à répétition[1].

MAJORIN, *à part* – Il me met après ses domestiques ! *(Haut.)* Enfin ?

---

note

1. montre à répétition :
montre qui sonne quand
on actionne un ressort.

PERRICHON – Avant d'arriver à la douane française, je les avais fourrées dans ma cravate...

180 MAJORIN – Pourquoi ?

PERRICHON – Tiens ! je n'avais pas envie de payer les droits. On me demande : « Avez-vous quelque chose à déclarer ? » Je réponds non ; je fais un mouvement et voilà ta diablesse de montre qui sonne : dig dig dig !

185 MAJORIN – Eh bien ?

PERRICHON – Eh bien, j'ai été pincé... on a tout saisi...

MAJORIN – Comment ?

PERRICHON – J'ai eu une scène atroce ! J'ai appelé le douanier « méchant gabelou[1] ». Il m'a dit que j'entendrais
190 parler de lui... Je regrette beaucoup cet incident... Elle était charmante, ta montre.

MAJORIN, *sèchement* – Je ne t'en remercie pas moins... *(À part.)* Comme s'il ne pouvait pas acquitter les droits... c'est sordide !

Scène 6   LES MÊMES, JEAN, ARMAND

195 JEAN, *annonçant* – M. Armand Desroches !

HENRIETTE, *quittant son ouvrage* – Ah !

MADAME PERRICHON, *se levant et allant au-devant d'Armand* – Soyez le bienvenu... nous attendions votre visite...

---

note

1. gabelou : douanier (à l'origine, le gabelou était un employé chargé de recueillir l'impopulaire impôt sur le sel, appelé gabelle).

Acte III, scène 7

ARMAND, *saluant* – Madame... monsieur Perrichon...

PERRICHON – Enchanté !... enchanté ! *(À part.)* Il a toujours son petit air protecteur !...

MADAME PERRICHON, *bas, à son mari* – Présente-le donc à Majorin.

PERRICHON – Certainement... *(Haut.)* Majorin... je te présente M. Armand Desroches... une connaissance de voyage...

HENRIETTE, *vivement* – Il a sauvé papa !

PERRICHON, *à part* – Allons, bien !... encore !

MAJORIN – Comment ! tu as couru quelque danger ?

PERRICHON – Non... une misère...

ARMAND – Cela ne vaut pas la peine d'en parler...

PERRICHON, *à part* – Toujours son petit air !

Scène 7 — LES MÊMES, JEAN, DANIEL

JEAN, *annonçant* – M. Daniel Savary !...

PERRICHON, *s'épanouissant* – Ah ! le voilà, ce cher ami !... ce bon Daniel !...

Il renverse presque le guéridon en courant au-devant de lui.

DANIEL, *saluant* – Mesdames... Bonjour, Armand !

PERRICHON, *le prenant par la main* – Venez, que je vous présente à Majorin... *(Haut.)* Majorin, je te présente un de mes bons... un de mes meilleurs amis... M. Daniel Savary...

MAJORIN – Savary ? des paquebots ?

DANIEL, *saluant* – Moi-même.

PERRICHON – Ah ! sans moi, il ne te paierait pas demain ton dividende.

MAJORIN – Pourquoi ?

PERRICHON – Pourquoi ? *(Avec fatuité[1].)* Tout simplement parce que je l'ai sauvé, mon bon !

MAJORIN – Toi ? *(À part.)* Ah çà ! ils ont donc passé tout leur temps à se sauver la vie !

PERRICHON, *racontant* – Nous étions sur la mer de Glace, le mont Blanc nous regardait, tranquille et majestueux...

DANIEL, *à part* – Second récit de Théramène !

PERRICHON – Nous suivions tout pensifs un sentier abrupt.

HENRIETTE, *qui a ouvert un journal* – Tiens, papa qui est dans le journal !

PERRICHON – Comment ! je suis dans le journal ?

HENRIETTE – Lis toi-même... là...

Elle lui donne le journal.

PERRICHON – Vous allez voir que je suis tombé du jury[2] ! *(Lisant.)* « On nous écrit de Chamouny... »

TOUS – Tiens !

Ils se rapprochent.

---

notes

1. fatuité : orgueil.

2. je suis tombé du jury : je suis distingué parmi la foule.

Acte III, scène 7

245 **PERRICHON**, *lisant* − « Un événement qui aurait pu avoir des suites déplorables vient d'arriver à la mer de Glace... M. Daniel S. a fait un faux pas et a disparu dans une de ces crevasses si redoutées des voyageurs. Un des témoins de cette scène, M. Perrichon (qu'il nous permette de le

250 nommer)... » *(Parlé.)* Comment donc ! si je le permets ! *(Lisant.)* « M. Perrichon, notable commerçant de Paris et père de famille, n'écoutant que son courage, et au mépris de sa propre vie, s'est élancé dans le gouffre... » *(Parlé.)* C'est vrai ! « Et, après des efforts inouïs, a été assez

255 heureux pour en retirer son compagnon. Un si admirable dévouement n'a été surpassé que par la modestie de M. Perrichon, qui s'est dérobé aux félicitations de la foule émue et attendrie... Les gens de cœur de tous les pays nous sauront gré[1] de leur signaler un pareil trait ! »

260 **TOUS** − Ah !

DANIEL, *à part* − Trois francs la ligne !

PERRICHON, *relisant lentement la dernière phrase* − « Les gens de cœur de tous les pays nous sauront gré de leur signaler un pareil trait. » *(À Daniel, très ému.)* Mon ami... mon

265 enfant ! embrassez-moi !

Ils s'embrassent.

DANIEL, *à part* − Décidément, j'ai la corde[2]...

PERRICHON, *montrant le journal* − Certes, je ne suis pas un révolutionnaire, mais je le proclame hautement, la presse

270 a du bon ! *(Mettant le journal dans sa poche et à part.)* J'en ferai acheter dix numéros !

---

notes

1. sauront gré : seront reconnaissants.

2. j'ai la corde : voir note 2, page 70.

LE VOYAGE DE MONSIEUR PERRICHON

MADAME PERRICHON – Dis donc, mon ami, si nous envoyions au journal le récit de la belle action de M. Armand ?

275 **HENRIETTE** – Oh ! oui ! cela ferait un joli pendant[1] !

PERRICHON, *vivement* – C'est inutile ! je ne peux pas toujours occuper les journaux de ma personnalité...

JEAN, *entrant, un papier à la main* – Monsieur...

PERRICHON – Quoi ?

280 **JEAN** – Le concierge vient de me remettre un papier timbré[2] pour vous.

MADAME PERRICHON – Un papier timbré ?

PERRICHON – N'aie donc pas peur ! je ne dois rien à personne... au contraire, on me doit...

285 **MAJORIN**, *à part* – C'est pour moi qu'il dit ça !

PERRICHON, *regardant le papier* – Une assignation à comparaître[3] devant la sixième chambre pour injures envers un agent de la force publique dans l'exercice de ses fonctions.

290 **TOUS** – Ah ! mon Dieu !

PERRICHON, *lisant* – Vu le procès-verbal dressé au bureau de la douane française par le sieur Machut, sergent douanier...

Majorin remonte.

295 **ARMAND** – Qu'est-ce que cela signifie ?

---

notes

1. pendant : équilibre.

2. papier timbré : lettre officielle envoyée par un juge.

3. assignation à comparaître : convocation officielle devant la justice.

Acte III, scène 7

PERRICHON – Un douanier qui m'a saisi trois montres... j'ai été trop vif... je l'ai appelé « gabelou ! rebut de l'humanité !... »

MAJORIN, *derrière le guéridon* – C'est très grave ! très grave !

300 **PERRICHON,** *inquiet* – Quoi ?

MAJORIN – Injures qualifiées envers un agent de la force publique dans l'exercice de ses fonctions.

MADAME PERRICHON et **PERRICHON** – Eh bien ?

MAJORIN – De quinze jours à trois mois de prison...

305 **TOUS** – En prison !...

PERRICHON – Moi ! après cinquante ans d'une vie pure et sans tache... j'irais m'asseoir sur le banc de l'infamie ? jamais ! jamais !

MAJORIN, *à part* – C'est bien fait ! ça lui apprendra à ne pas
310 acquitter les droits !

PERRICHON – Ah ! mes amis, mon avenir est brisé.

MADAME PERRICHON – Voyons, calme-toi !

HENRIETTE – Papa !

DANIEL – Du courage !

315 **ARMAND** – Attendez ! je puis peut-être vous tirer de là.

TOUS – Hein ?

PERRICHON – Vous ! mon ami... mon bon ami !

ARMAND, *allant à lui* – Je suis lié assez intimement avec un employé supérieur de l'administration des douanes... je
320 vais le voir... peut-être pourra-t-on décider le douanier à retirer sa plainte.

MAJORIN – Ça me paraît difficile !

ARMAND – Pourquoi ? un moment de vivacité...

LE VOYAGE DE MONSIEUR PERRICHON

PERRICHON – Que je regrette !

325 **ARMAND** – Donnez-moi ce papier... j'ai bon espoir... ne vous tourmentez pas, mon brave monsieur Perrichon !

PERRICHON, *ému, lui prenant la main* – Ah ! Daniel ! *(Se reprenant.)* Non, Armand ! tenez, il faut que je vous embrasse !

330 *Ils s'embrassent.*

HENRIETTE, *à part* – À la bonne heure !

Elle remonte avec sa mère.

ARMAND, *bas, à Daniel* – À mon tour, j'ai la corde !

DANIEL – Parbleu ! *(À part.)* Je crois avoir affaire à un rival 335 et je tombe sur un terre-neuve[1].

MAJORIN, *à Armand* – Je sors avec vous.

PERRICHON – Tu nous quittes ?

MAJORIN – Oui... *(Fièrement.)* Je dîne en ville !

Il sort avec Armand.

340 **MADAME PERRICHON**, *s'approchant de son mari, et bas* – Eh bien, que penses-tu maintenant de M. Armand ?

PERRICHON – Lui ? c'est-à-dire que c'est un ange ! un ange !

MADAME PERRICHON – Et tu hésites à lui donner ta fille ?

345 **PERRICHON** – Non, je n'hésite plus.

MADAME PERRICHON – Enfin, je te retrouve ! Il ne te reste plus qu'à prévenir M. Daniel.

---

note

1. terre-neuve : gros chien réputé pour ses sauvetages.

Acte III, scène 7

Perrichon – Oh ! ce pauvre garçon ! tu crois ?

Madame Perrichon – Dame, à moins que tu ne veuilles attendre l'envoi des billets de faire part ?

Perrichon – Oh non !

Madame Perrichon – Je te laisse avec lui... courage ! *(Haut.)* Viens-tu, Henriette ? *(Saluant Daniel.)* Monsieur...

Elle sort par la droite, suivie d'Henriette.

**Mise en scène de Jean-Luc Moreau,
théâtre Saint-Georges, Paris, 1996.**

Au fil du texte

Questions sur l'acte III, scènes 1 à 7 (pages 75 à 91)

QUE S'EST-IL PASSÉ ?

1. Complétez les phrases suivantes.
a) L'acte III est situé à .Paris..........., dans le salon .de M et Mme Perrichon..
b) Les Perrichon rentrent de voyage pendant le mois de ..Juillet..........
c) Les parents d'Henriette lui laissent la liberté de choisir son prétendant : elle préfère ..Armand....
d) M. Perrichon avait acheté une ..montre.... à Majorin.
e) Celle-ci a été confisquée à la frontière ..suisse..........

AVEZ-VOUS BIEN LU ?

2. Qui a rendu visite à M. Perrichon pendant son absence ?

3. À qui M. Perrichon annonce-t-il dès son retour qu'il a sauvé quelqu'un ?

4. Quelle est alors la réaction de son interlocuteur ?

5. Que mangeront les Perrichon le soir de leur retour ?

6. Qui précise à M. Perrichon la durée de prison encourue pour ses injures qualifiées ?

ÉTUDIER LA GRAMMAIRE

7. Notez deux phrases dans lesquelles on rapporte des propos. De quelle façon les propos sont-ils rapportés dans les deux cas ?

Acte III, scènes 1 à 7

8. Quelles sont les valeurs du passé composé ?
Donnez deux exemples empruntés à ces scènes.

ÉTUDIER LE VOCABULAIRE

9. Donnez le nom dérivé du verbe « *abdiquer* »
(l. 141). À quel champ lexical* appartient ce verbe ?

10. Décomposez le verbe « *acquitter* » (l. 168).

11. Quelle est la valeur du préfixe « in » dans
l'adjectif « *indiscret* » (l. 154) ? Donnez deux autres
exemples empruntés à ces scènes où le préfixe
est employé avec la même valeur.

12. Le verbe « *désinviter* » (l. 159) comporte lui aussi
un préfixe. Quelle est la valeur de ce préfixe ?
Cherchez trois autres verbes où ce préfixe aura
la même valeur.

champ lexical :
**ensemble
des mots
d'un texte qui
se rattachent
à une même
notion.**

ÉTUDIER L'ORTHOGRAPHE

13. Le mot « *fatigant* » (l. 136) peut avoir une autre
orthographe : laquelle ? Dans quel cas utilise-t-on
chacune des orthographes ?

14. Expliquez l'orthographe de « *cents* » dans
« *six cents francs* » (l. 162).

ÉTUDIER UN THÈME : LA VANITÉ

15. Qui reproche explicitement sa vanité
à M. Perrichon ? Citez le passage.

16. Comment M. Perrichon réagit-il à la lecture
de l'article consacré à ses exploits, dans la scène 7 ?

17. Cette scène illustre-t-elle la vanité
du personnage ? Justifiez votre réponse.

_____ **Au fil du texte** _____

ÉTUDIER LE DISCOURS

18. Où trouve-t-on un monologue* dans ces scènes ?

19. Qu'apprend-on grâce à ce monologue ?

20. Quels sont les reproches que M. Perrichon adresse à Armand ? Pensez-vous qu'ils soient justifiés ?

21. De quelle façon M. Perrichon présente-t-il Armand à Majorin ? Qu'en pensez-vous ?

22. *« je ne suis pas un révolutionnaire, mais* [...] *la presse a du bon !* » (l. 268 à 270) : comment comprenez-vous cette réflexion de M. Perrichon ?

monologue :
répliques
dans lesquelles
un personnage
parle tout seul ;
le monologue
exprime les
pensées d'un
personnage.

ÉTUDIER LE GENRE : LA COMÉDIE

23. Quels sont les commentaires de M. Perrichon, dans la scène 2, qui indiquent clairement sa préférence pour l'un des prétendants ?

24. Quel est le véritable obstacle au libre choix d'Henriette ?

25. Qui les prétendants doivent-ils vraiment convaincre pour obtenir la main d'Henriette ?

26. Que signifie la réflexion de Daniel, après la lecture de l'article, scène 7 : « *Trois francs la ligne !* » ?

27. Les détails financiers donnés dans cette partie signalent-ils la générosité de Perrichon ou au contraire une certaine mesquinerie ? Justifiez votre réponse à l'aide d'un exemple précis.

ÉTUDIER L'ÉCRITURE

28. À quel moment peut-on dire que M. Perrichon fait preuve d'emphase, dans la scène 7 ?

Acte III, scènes 1 à 7

29. Comment comprenez-vous la dernière réplique★ de Jean, scène 2 ? Quel commentaire fait ensuite M. Perrichon ?

30. Que pensez-vous du style utilisé dans l'article relatant l'exploit de M. Perrichon, scène 7 ?

31. Dans quelle scène trouve-t-on de nombreux apartés★ ? Quels sont les personnages qui emploient des apartés dans cette scène ?

32. Qu'est ce qu'un lapsus ? Relevez-en un dans la scène 7.

réplique :
propos tenu par un personnage dans un dialogue.

aparté :
ce qu'un personnage dit à part soi et qui est censé être entendu seulement des spectateurs.

LIRE L'IMAGE

33. À quelle réplique correspond, selon vous, la photographie de la page 91 ? Quels sont les personnages qui entourent M. Perrichon ?

À VOS PLUMES !

34. Rédigez la scène de la « frontière suisse » en tenant compte des informations que vous possédez. Écrivez-la ensuite sous forme de scène théâtrale.

35. Rédigez un article de journal relatant un fait divers dans lequel un témoin aura fait preuve de courage.

RECHERCHES ET EXPOSÉS

36. Préparez un exposé sur la peinture d'Édouard Manet.

37. Préparez un exposé sur la presse au XIX⁰ siècle.

38. Faites une recherche sur le théâtre du Gymnase.

LE VOYAGE DE MONSIEUR PERRICHON

Scène 8   PERRICHON, DANIEL

355   DANIEL, *à part, en descendant* – Il est évident que mes actions baissent... Si je pouvais...

Il va au canapé.

PERRICHON, *à part, au fond* – Ce brave jeune homme... ça me fait de la peine... Allons, il le faut. *(Haut.)* Mon cher
360   Daniel... mon bon Daniel... j'ai une communication pénible à vous faire.

DANIEL, *à part* – Nous y voilà !

Ils s'asseyent sur le canapé.

PERRICHON – Vous m'avez fait l'honneur de me demander
365   la main de ma fille... Je caressais ce projet, mais les circonstances... les événements... votre ami, M. Armand, m'a rendu de tels services...

DANIEL – Je comprends.

PERRICHON – Car on a beau dire, il m'a sauvé la vie, cet
370   homme !

DANIEL – Eh bien, et le petit sapin auquel vous vous êtes cramponné ?

PERRICHON – Certainement... le petit sapin... mais il était bien petit... il pouvait casser... et puis je ne le tenais pas
375   encore.

DANIEL – Ah !

PERRICHON – Non... mais ce n'est pas tout... dans ce moment, cet excellent jeune homme brûle le pavé[1] pour me tirer des cachots... Je lui devrai l'honneur... l'honneur !

---

note

1. brûle le pavé : court.

96

Acte III, scène 8

380 **DANIEL** – Monsieur Perrichon, le sentiment qui vous fait agir est trop noble pour que je cherche à le combattre...

PERRICHON – Vrai ! vous ne m'en voulez pas ?

DANIEL – Je ne me souviens que de votre courage... de votre dévouement pour moi...

385 **PERRICHON,** *lui prenant la main* – Ah ! Daniel ! *(À part.)* C'est étonnant comme j'aime ce garçon-là !

DANIEL, *se levant* – Aussi, avant de partir...

PERRICHON – Hein ?

DANIEL – Avant de vous quitter...

390 **PERRICHON,** *se levant* – Comment ! me quitter ? vous ? Et pourquoi ?

DANIEL – Je ne puis continuer des visites qui seraient compromettantes pour mademoiselle votre fille... et douloureuses pour moi.

395 **PERRICHON** – Allons, bien ! Le seul homme que j'aie sauvé !

DANIEL – Oh ! mais votre image ne me quittera pas !... j'ai formé un projet... c'est de fixer sur la toile, comme elle l'est déjà dans mon cœur, l'héroïque scène de la mer de Glace.

400 **PERRICHON** – Un tableau ! Il veut me mettre dans un tableau !

DANIEL – Je me suis déjà adressé à un de nos peintres les plus illustres... un de ceux qui travaillent pour la postérité !...

405 **PERRICHON** – La postérité ! Ah ! Daniel ! *(À part.)* C'est extraordinaire comme j'aime ce garçon-là !

DANIEL – Je tiens surtout à la ressemblance...

PERRICHON – Je crois bien ! moi aussi !

LE VOYAGE DE MONSIEUR PERRICHON

DANIEL – Mais il sera nécessaire que vous nous donniez cinq ou six séances[1]...

PERRICHON – Comment donc, mon ami ! quinze ! vingt ! trente ! ça ne m'ennuiera pas... nous poserons ensemble !

DANIEL, *vivement* – Ah ! non... pas moi !

PERRICHON – Pourquoi ?

DANIEL – Parce que... voici comment nous avons conçu le tableau... on ne verra sur la toile que le mont Blanc...

PERRICHON, *inquiet* – Eh bien, et moi ?

DANIEL – Le mont Blanc et vous !

PERRICHON – C'est ça... moi et le mont Blanc... tranquille et majestueux !... Ah çà ! et vous, où serez-vous ?

DANIEL – Dans le trou... tout au fond... on n'apercevra que mes deux mains crispées et suppliantes...

PERRICHON – Quel magnifique tableau !

DANIEL – Nous le mettrons au Musée...

PERRICHON – De Versailles ?

DANIEL – Non, de Paris...

PERRICHON – Ah ! oui... à l'Exposition[2] !

DANIEL – Et nous inscrirons sur le livret[3] cette notice...

PERRICHON – Non ! pas de banque[4] ! pas de réclame ! Nous mettrons tout simplement l'article de mon journal... « On nous écrit de Chamouny... »

---

notes

1. séances : séances de pose pour le peintre.

2. Exposition : nom donné à l'exposition de peinture officielle (biannuelle) pendant le Second Empire.

Les peintres devaient soumettre leurs œuvres à un jury qui les sélectionnait, privilégiant en général l'académisme et la tradition.

3. livret : catalogue de l'exposition.

4. de banque : de propos vains, de boniments.

Acte III, scène 9

DANIEL – C'est un peu sec.

PERRICHON – Oui... mais nous l'arrangerons ! *(Avec effusion.)* Ah ! Daniel, mon ami !... mon enfant !

435 DANIEL – Adieu, monsieur Perrichon !... nous ne devons plus nous revoir...

PERRICHON – Non ! c'est impossible ! c'est impossible ! ce mariage... rien n'est encore décidé...

DANIEL – Mais...

440 PERRICHON – Restez ! je le veux !

DANIEL, *à part* – Allons donc !

Scène 9   LES MÊMES, JEAN, LE COMMANDANT

JEAN, *annonçant* – Monsieur le commandant Mathieu !

PERRICHON, *étonné* – Qu'est-ce que c'est que ça ?

LE COMMANDANT, *entrant* – Pardon, messieurs, je vous
445 dérange peut-être ?

PERRICHON – Du tout.

LE COMMANDANT, *à Daniel* – Est-ce à M. Perrichon que j'ai l'honneur de parler ?

PERRICHON – C'est moi, monsieur.

450 LE COMMANDANT – Ah !... *(À Perrichon.)* Monsieur, voilà douze jours que je vous cherche. Il y a beaucoup de Perrichon à Paris... j'en ai déjà visité une douzaine... mais je suis tenace...

PERRICHON, *lui indiquant un siège à gauche du guéridon* –
455 Vous avez quelque chose à me communiquer ?

LE VOYAGE DE MONSIEUR PERRICHON

Il s'assied sur le canapé. Daniel remonte.

LE COMMANDANT, *s'asseyant* – Je n'en sais rien encore... Permettez-moi d'abord de vous adresser une question : Est-ce vous qui avez fait, il y a un mois, un voyage à la mer de Glace ?

PERRICHON – Oui, monsieur, c'est moi-même ! je crois avoir le droit de m'en vanter !

LE COMMANDANT – Alors, c'est vous qui avez écrit sur le registre des voyageurs : « Le commandant est un paltoquet. »

PERRICHON – Comment ! vous êtes... ?

LE COMMANDANT – Oui, monsieur... c'est moi !

PERRICHON – Enchanté !

Ils se font plusieurs petits saluts.

DANIEL, *à part, en descendant* – Diable ! l'horizon s'obscurcit !...

LE COMMANDANT – Monsieur, je ne suis ni querelleur ni ferrailleur[1], mais je n'aime pas à laisser traîner sur les livres d'auberge de pareilles appréciations à côté de mon nom...

PERRICHON – Mais vous avez écrit le premier une note... plus que vive !

LE COMMANDANT – Moi ? je me suis borné à constater que mer de Glace ne prenait pas d'*e* à la fin : voyez le dictionnaire...

PERRICHON – Eh ! monsieur, vous n'êtes pas chargé de corriger mes... prétendues fautes d'orthographe ! De quoi vous mêlez-vous ?

---

note

1. *ferrailleur :* amateur du combat à l'épée (« croiser le fer »).

Acte III, scène 9

Ils se lèvent.

LE COMMANDANT – Pardon !... pour moi, la langue française est une compatriote aimée... une dame de bonne maison, élégante, mais un peu cruelle... vous le savez mieux que personne.

PERRICHON – Moi ?...

LE COMMANDANT – Et, quand j'ai l'honneur de la rencontrer à l'étranger[1]... je ne permets pas qu'on éclabousse sa robe. C'est une question de chevalerie et de nationalité.

PERRICHON – Ah çà ! monsieur, auriez-vous la prétention de me donner une leçon ?

LE COMMANDANT – Loin de moi cette pensée...

PERRICHON – Ah ! ce n'est pas malheureux ! *(À part.)* Il recule.

LE COMMANDANT – Mais, sans vouloir vous donner une leçon, je viens vous demander poliment... une explication.

PERRICHON, *à part* – Mathieu !... c'est un faux commandant.

LE COMMANDANT – De deux choses l'une : ou vous persistez...

PERRICHON – Je n'ai pas besoin de tous ces raisonnements. Vous croyez peut-être m'intimider ? Monsieur... j'ai fait mes preuves de courage, entendez-vous ! et je vous les ferai voir...

note

1. à l'étranger : Chamonix et la Savoie appartiennent depuis 1815 au royaume italien du Piémont. Cependant, suite à l'intervention de Napoléon III dans cette région pour défendre le Piémont contre l'Autriche, un accord (secret) fut passé et la Savoie, ainsi que Nice, revinrent dans le giron français au début de l'année 1860, c'est-à-dire peu avant la première représentation publique de la pièce.

LE COMMANDANT – Où ça ?

PERRICHON – À l'Exposition... l'année prochaine...

LE COMMANDANT – Oh ! permettez !... Il me sera impossible d'attendre jusque-là... Pour abréger, je vais au fait : retirez-vous, oui ou non... ?

PERRICHON – Rien du tout !

LE COMMANDANT – Prenez garde !

DANIEL – Monsieur Perrichon !

PERRICHON – Rien du tout ! *(À part.)* Il n'a pas seulement de moustaches !

LE COMMANDANT – Alors, monsieur Perrichon, j'aurai l'honneur de vous attendre demain, à midi, avec mes témoins[1], dans les bois de la Malmaison[2]...

DANIEL – Commandant, un mot !

LE COMMANDANT, *remontant* – Nous vous attendrons chez le garde[3] !

DANIEL – Mais, commandant...

LE COMMANDANT – Mille pardons... j'ai rendez-vous avec un tapissier pour choisir des étoffes, des meubles... À demain... midi... *(Saluant.)* Messieurs... j'ai bien l'honneur...

Il sort.

---

notes

1. témoins : témoins nécessaires pour le duel.

2. Malmaison : bois situé à côté de Rueil, la ville dans laquelle les parents d'Eugène Labiche s'installèrent.

3. garde : gardien du château et des terres de la Malmaison.

Acte III, scène 10

Scène 10   PERRICHON, DANIEL, *puis* JEAN

DANIEL, *à Perrichon* – Diable ! vous êtes raide en affaires ! avec un commandant surtout !

530   PERRICHON – Lui ! un commandant ? Allons donc ! Est-ce que les vrais commandants s'amusent à éplucher les fautes d'orthographe ?

DANIEL – N'importe ! Il faut questionner, s'informer... *(Il sonne à la cheminée.)* savoir à qui nous avons affaire.

535   JEAN, *paraissant* – Monsieur ?

PERRICHON, *à Jean* – Pourquoi as-tu laissé entrer cet homme qui sort d'ici ?

JEAN – Monsieur, il était déjà venu ce matin... J'ai même oublié de vous remettre sa carte...

540   DANIEL – Ah ! sa carte !

PERRICHON – Donne ! *(La lisant.)* Mathieu, ex-commandant au 2ᵉ zouaves [1].

DANIEL – Un zouave !

PERRICHON – Saprelotte [2] !

545   JEAN – Quoi donc ?

PERRICHON – Rien ! Laissez-nous !

Jean sort.

DANIEL – Eh bien, vous voilà dans une jolie situation !

---

notes

1. 2ᵉ zouaves : régiment de soldats d'élite réputés pour leur âpreté au combat, voire leur cruauté.

2. saprelotte : sapristi.

PERRICHON – Que voulez-vous ! j'ai été trop vif... Un
homme si poli !... Je l'ai pris pour un notaire gradé[1] !

DANIEL – Que faire ?

PERRICHON – Il faudrait trouver un moyen... *(Poussant un cri.)* Ah !...

DANIEL – Quoi ?

PERRICHON – Rien ! rien ! Il n'y a pas de moyen ! je l'ai insulté, je me battrai !... Adieu !...

DANIEL – Où allez-vous ?

PERRICHON – Mettre mes affaires en ordre... vous comprenez...

DANIEL – Mais cependant...

PERRICHON – Daniel... quand sonnera l'heure du danger, vous ne me verrez pas faiblir !

Il sort par la droite.

Scène 11

DANIEL, *seul* – Allons donc !... c'est impossible !... je ne peux pas laisser M. Perrichon se battre avec un zouave !... c'est qu'il a du cœur, le beau-père !... je le connais, il ne fera pas de concessions... De son côté, le commandant... et tout cela pour une faute d'orthographe ! *(Cherchant.)*

note

1. notaire gradé : notaire qui a servi dans la garde nationale (et obtenu un grade sans combattre).

Acte III, scène 12

Voyons donc !... si je prévenais l'autorité[1] ? oh ! non !...
au fait, pourquoi pas ? personne ne le saura. D'ailleurs, je
n'ai pas le choix des moyens... *(Il prend un buvard et un
encrier sur une table, près de la porte d'entrée, et se place au
guéridon.)* Une lettre au préfet de police !... *(Écrivant.)*
« Monsieur le préfet... j'ai l'honneur de... » *(Parlant tout en
écrivant.)* Une ronde passera par là à point nommé... le
hasard aura tout fait... et l'honneur sera sauf. *(Il plie et
cachette sa lettre et remet en place ce qu'il a pris.)* Maintenant,
il s'agit de la faire porter tout de suite... Jean doit être là ! *(Il
sort en appelant.)* Jean ! Jean !

Il disparaît dans l'antichambre[2].

Scène 12

PERRICHON, *seul. Il entre en tenant une lettre à la main. Il
la lit* – « Monsieur le préfet, je crois devoir prévenir
l'autorité que deux insensés ont l'intention de croiser le
fer demain, à midi moins un quart... » *(Parlé.)* Je mets
moins un quart afin qu'on soit exact. Il suffit quelquefois
d'un quart d'heure !... *(Reprenant sa lecture.)* « À midi
moins un quart... dans les bois de la Malmaison. Le

notes

1. si je prévenais l'autorité :
les duels étant interdits
officiellement depuis le
XVIIᵉ siècle (par Richelieu

en 1627), les autorités
pouvaient arrêter
les contrevenants.

2. antichambre : salon
destiné aux visiteurs
qui attendaient d'être
introduits.

LE VOYAGE DE MONSIEUR PERRICHON

rendez-vous est à la porte du garde... Il appartient à votre haute administration de veiller sur la vie des citoyens. Un
590 des combattants est un ancien commerçant, père de famille, dévoué à nos institutions et jouissant d'une bonne notoriété[1] dans son quartier. Veuillez agréer, monsieur le préfet, etc., etc. » S'il croit me faire peur, ce commandant !... Maintenant l'adresse... *(Il écrit.)* « Très
595 pressé, communication importante... » Comme ça, ça arrivera... Où est Jean ?

	PERRICHON, DANIEL,
Scène 13	*puis* MADAME PERRICHON,
	HENRIETTE, *puis* JEAN

DANIEL, *entrant par le fond, sa lettre à la main* – Impossible de trouver ce domestique. *(Apercevant Perrichon.)* Oh !

Il cache sa lettre.

600 PERRICHON – Daniel !

Il cache aussi sa lettre.

DANIEL – Eh bien, monsieur Perrichon ?

PERRICHON – Vous voyez... je suis calme... comme le bronze ! *(Apercevant sa femme et sa fille.)* Ma femme, silence !

605 *Il descend.*

MADAME PERRICHON, *à son mari* – Mon ami, le maître de piano d'Henriette vient de nous envoyer des billets de concert pour demain... midi...

note

1. notoriété : réputation.

Acte III, scène 13

PERRICHON, *à part* – Midi !

610 **HENRIETTE** – C'est à son bénéfice, tu nous accompagneras ?

PERRICHON – Impossible ! demain, ma journée est prise !

MADAME PERRICHON – Mais tu n'as rien à faire...

PERRICHON – Si, j'ai une affaire... très importante... demande à Daniel...

615 **DANIEL** – Très importante !

MADAME PERRICHON – Quel air sérieux ! *(À son mari.)* Tu as la figure longue d'une aune[1] ; on dirait que tu as peur.

PERRICHON – Moi ? peur ! On me verra sur le terrain[2] !

DANIEL, *à part* – Aïe !

620 **MADAME PERRICHON** – Le terrain !

PERRICHON, *à part* – Sapristi ! ça m'a échappé !

HENRIETTE, *courant à lui* – Un duel ! papa !

PERRICHON – Eh bien, oui, mon enfant, je ne voulais pas te le dire, ça m'a échappé, ton père se bat !...

625 **MADAME PERRICHON** – Mais avec qui ?

PERRICHON – Avec un commandant au 2ᵉ zouaves.

MADAME PERRICHON et **HENRIETTE**, *effrayées* – Ah ! grand Dieu !

PERRICHON – Demain, à midi, dans le bois de la 630 Malmaison, à la porte du garde.

MADAME PERRICHON, *allant à lui* – Mais tu es fou... toi ! un bourgeois !

---

notes

1. aune : ancienne unité de mesure utilisée pour le tissu.

2. terrain : « se rendre sur le terrain » est une expression ancienne qui signifie se battre en duel.

Le mot évoque immédiatement le duel, dans l'esprit des personnages présents.

107

PERRICHON – Madame Perrichon, je blâme le duel... mais il y a des circonstances où l'homme se doit à son honneur ! *(À part, montrant sa lettre.)* Où est donc Jean ?

MADAME PERRICHON, *à part* – Non, c'est impossible ! je ne souffrirai pas[1]... *(Elle va à la table au fond et écrit à part.)* « Monsieur le préfet de police... »

JEAN, *paraissant* – Le dîner est servi.

PERRICHON, *s'approchant de Jean et bas* – Cette lettre à son adresse... c'est très pressé !

Il s'éloigne.

DANIEL, *bas, à Jean* – Cette lettre à son adresse... c'est très pressé !

Il s'éloigne.

MADAME PERRICHON, *bas, à Jean* – Cette lettre à son adresse... c'est très pressé !

PERRICHON – Allons, à table !

HENRIETTE, *à part* – Je vais faire prévenir M. Armand.

Elle entre à droite.

MADAME PERRICHON, *à Jean, avant de sortir* – Chut !

DANIEL, *de même* – Chut !

PERRICHON, *de même* – Chut !

Ils disparaissent tous les trois.

JEAN, *seul* – Quel est ce mystère ? *(Lisant l'adresse des trois lettres.)* « Monsieur le préfet... Monsieur le préfet... Monsieur le préfet... » *(Étonné, et avec joie.)* Tiens ! il n'y a qu'une course !

---

note

1. je ne souffrirai pas :
je ne supporterai pas.

Au fil du texte

Questions sur l'acte III, scènes 8 à 13 (pages 96 à 108)

QUE S'EST-IL PASSÉ ?

1. Complétez les phrases suivantes.

a) Sur la toile envisagée par *Danile*, on ne verra
que le mont Blanc et M. Perrichon.

b) Jean fait entrer le *Commandant Mathieu*
dans l'appartement de M. Perrichon.

c) *Daniel* assiste à la vive discussion entre
M. Perrichon et le commandant.

synonyme : mot de signification très proche ou identique.

d) Sur le registre des voyageurs, M. Perrichon a écrit :
« *Le commandant est un* *perroquet* ».

e) Le duel aura lieu dans le bois de *la Malmaison*.

AVEZ-VOUS BIEN LU ?

2. Que doit annoncer M. Perrichon à Daniel,
au début de la scène 8 ?

3. S'acquitte-t-il de sa mission ?

4. Quels sont les différents personnages qui écrivent
au préfet de police ?

5. Pour quelle raison écrivent-ils ?

ÉTUDIER LA GRAMMAIRE

6. Qu'est-ce qu'une tournure restrictive ?

7. Donnez deux exemples empruntés à la scène 8.

ÉTUDIER LE VOCABULAIRE

8. Donnez un synonyme* du mot « *réclame* »
(l. 429).

Au fil du texte

9. Quel est le préfixe contenu dans le mot « *extraordinaire* » (l. 406) ? Donnez trois autres mots formés avec le même préfixe.

10. Quelle est l'étymologie* du mot « *zouave* » (l. 542) ? Donnez d'autres mots français empruntés à la même langue.

11. Quelle est l'étymologie du mot « *banque* » (l. 429) ? Quelle est celle du mot « *banqueroute* » ? Donnez trois autres mots empruntés à la même langue. À quelle époque cette langue exerça-t-elle une influence majeure sur la langue française ?

étymologie : origine d'un mot.

ÉTUDIER L'ORTHOGRAPHE

12. Expliquez l'orthographe du verbe souligné dans « *Le seul homme que j'aie sauvé !* » (l. 395).

ÉTUDIER LE DISCOURS

13. De quelle façon M. Perrichon s'adresse-t-il à Daniel, à la fin de la scène 8 ?

14. Quelles sont les raisons qui peuvent expliquer les doutes de M. Perrichon sur l'identité du commandant, dans la scène 9 ?

15. Pensez-vous que ces doutes puissent expliquer en partie son comportement ?

ÉTUDIER LE GENRE : LA COMÉDIE

16. Quel est l'élément qui explique l'indécision de M. Perrichon dans la scène 8 ? Peut-on y voir une illustration de son caractère ?

Acte III, scènes 8 à 13

17. En quoi la dernière réplique* du commandant, à la fin de la scène 9, peut-elle prêter à sourire ?

18. Notez trois phrases, dans les scènes 9 et 10, dans lesquelles M. Perrichon affiche ostensiblement son courage. Pensez-vous que la suite de l'acte confirme ce courage annoncé ?

ÉTUDIER L'ÉCRITURE

19. Relevez une métaphore* employée par Daniel au début de la scène 8. Expliquez-la.

20. Recherchez la définition de la personnification. Relevez un exemple dans la scène 9.

21. Relevez un ou deux exemples qui illustrent la construction parallèle et les répétitions utilisées par Labiche à la fin de l'acte III.

réplique : **propos tenu par un personnage dans un dialogue.**

métaphore : **rapprochement implicite entre deux réalités.**

LIRE L'IMAGE

22. Quel est le nom du photographe qui a fait le portrait d'Eugène Labiche présenté page 4 ? Vous chercherez des informations sur cet artiste et vous citerez un autre écrivain dont il a fait le portrait.

À VOS PLUMES !

23. M. Perrichon découvre à l'Exposition le tableau qui lui est consacré. Imaginez qu'il est accompagné d'autres personnages de la pièce. Construisez la scène sous forme de dialogue théâtral.

24. Rédigez les deux mots envoyés au préfet de police par Daniel et Mme Perrichon.

RECHERCHES ET EXPOSÉS

25. Préparez un exposé sur les zouaves.

26. Préparez un exposé sur les procès littéraires de 1857 (Baudelaire et Flaubert).

DÉBAT

27. Pensez-vous que le duel soit une solution à des conflits d'honneur ?

Acte IV

Un jardin. — Bancs, chaises, table rustique ; à droite, un pavillon praticable[1].

Scène 1

DANIEL, *puis* PERRICHON

DANIEL, *entrant par le fond à gauche* — Dix heures ! le rendez-vous n'est que pour midi. *(Il s'approche du pavillon et fait signe.)* Psit ! psit !

PERRICHON, *passant la tête à la porte du pavillon* — Ah ! c'est vous... ne faites pas de bruit... dans une minute je suis à vous.

note

1. praticable : représenté concrètement sur scène de façon à permettre les mouvements d'entrée et de sortie des acteurs.

Il rentre.

DANIEL, *seul* – Ce pauvre M. Perrichon ! il a dû passer une bien mauvaise nuit... heureusement ce duel n'aura pas lieu.

PERRICHON, *sortant du pavillon avec un grand manteau* – Me voici... je vous attendais...

DANIEL – Comment vous trouvez-vous ?

PERRICHON – Calme comme le bronze !

DANIEL – J'ai des épées dans la voiture.

PERRICHON, *entrouvrant son manteau* – Moi, j'en ai là.

DANIEL – Deux paires !

PERRICHON – Une peut casser... je ne veux pas me trouver dans l'embarras.

DANIEL, *à part* – Décidément, c'est un lion !... *(Haut.)* Le fiacre est à la porte... si vous voulez...

PERRICHON – Un instant ! Quelle heure est-il ?

DANIEL – Dix heures !

PERRICHON – Je ne veux pas arriver avant midi... ni après. *(À part.)* Ça ferait tout manquer.

DANIEL – Vous avez raison... pourvu qu'on soit à l'heure. *(À part.)* Ça ferait tout manquer.

PERRICHON – Arriver avant... c'est de la fanfaronnade[1]... après, c'est de l'hésitation ; d'ailleurs, j'attends Majorin... je lui ai écrit hier soir un mot pressant.

DANIEL – Ah ! le voici.

note
1. fanfaronnade : vantardise.

Acte IV, scène 2

Scène 2   Les mêmes, Majorin

Majorin – J'ai reçu ton billet, j'ai demandé un congé... De quoi s'agit-il ?

Perrichon – Majorin... Je me bats dans deux heures !...

35 Majorin – Toi ? allons donc ! et avec quoi ?

Perrichon, *ouvrant son manteau et laissant voir ses épées* – Avec ceci.

Majorin – Des épées !

Perrichon – Et j'ai compté sur toi pour être mon
40 second[1].

Daniel remonte.

Majorin – Sur moi ? permets, mon ami, c'est impossible !

Perrichon – Pourquoi ?

Majorin – Il faut que j'aille à mon bureau... je me ferais
45 destituer[2].

Perrichon – Puisque tu as demandé un congé.

Majorin – Pas pour être témoin !... On leur fait des procès, aux témoins !

Perrichon – Il me semble, monsieur Majorin, que je
50 vous ai rendu assez de services pour que vous ne refusiez pas de m'assister dans une circonstance capitale de ma vie.

Majorin, *à part* – Il me reproche ses six cents francs !

notes
1. second : second témoin.   **2. destituer :** renvoyer.

Perrichon – Mais, si vous craignez de vous compromettre...
55 si vous avez peur.

Majorin – Je n'ai pas peur... *(Avec amertume.)* D'ailleurs,
je ne suis pas libre... tu as su m'enchaîner par les liens de
la reconnaissance. *(Grinçant.)* Ah ! la reconnaissance !

Daniel, *à part* – Encore un !

60 **Majorin** – Je ne te demande qu'une chose... c'est d'être
de retour à deux heures... pour toucher mon dividende...
Je te rembourserai immédiatement et alors... nous serons
quittes !

Daniel – Je crois qu'il est temps de partir. *(À Perrichon.)* Si
65 vous désirez faire vos adieux à madame Perrichon et à
votre fille...

Perrichon – Non ! je veux éviter cette scène... ce
seraient des pleurs, des cris... elles s'attacheraient à mes
habits pour me retenir... Partons ! *(On entend chanter dans*
70 *la coulisse.)* Ma fille !

Scène 3

LES MÊMES, HENRIETTE,
puis MADAME PERRICHON

Henriette, *entrant en chantant, et un arrosoir à la main* –
Tra la la ! tra la la ! *(Parlé.)* Ah ! c'est toi, mon petit papa...

Perrichon – Oui... tu vois... nous partons... avec ces
deux messieurs... il le faut !... *(Il l'embrasse avec émotion.)*
75 Adieu !

Henriette, *tranquillement* – Adieu, papa. *(À part.)* Il n'y a
rien à craindre, maman a prévenu le préfet de police... et
moi, j'ai prévenu M. Armand.

Mise en scène de Laurent Pelly, maison de la culture de Loire-Atlantique, Nantes, 2002.

Elle va arroser les fleurs.

PERRICHON, *s'essuyant les yeux et la croyant près de lui* – Allons, ne pleure pas !... si tu ne me revois pas, songe... *(S'arrêtant.)* Tiens ! elle arrose !

MAJORIN, *à part* – Ça me révolte ! mais c'est bien fait !

MADAME PERRICHON, *entrant avec des fleurs à la main, à son mari* – Mon ami... peut-on couper quelques dahlias ?

PERRICHON – Ma femme !

MADAME PERRICHON – Je cueille un bouquet pour mes vases.

PERRICHON – Cueille !... dans un pareil moment, je n'ai rien à te refuser... Je vais partir, Caroline.

MADAME PERRICHON, *tranquillement* – Ah ! tu vas là-bas ?

PERRICHON – Oui... je vais... là-bas, avec ces deux messieurs.

MADAME PERRICHON – Allons ! tâche d'être revenu pour dîner.

PERRICHON et MAJORIN – Hein ?

PERRICHON, *à part* – Cette tranquillité... est-ce que ma femme ne m'aimerait pas ?

MAJORIN, *à part* – Tous les Perrichon manquent de cœur ! c'est bien fait !

DANIEL – Il est l'heure... si vous voulez être au rendez-vous à midi...

PERRICHON, *vivement* – Précis !

MADAME PERRICHON, *vivement* – Précis ! vous n'avez pas de temps à perdre.

HENRIETTE – Dépêche-toi, papa.

PERRICHON – Oui...

Acte IV, scène 4

MAJORIN, *à part* – Ce sont elles qui le renvoient ! Quelle jolie famille !

110 PERRICHON – Allons, Caroline, ma fille, adieu ! adieu !

Ils remontent.

Scène 4   LES MÊMES, ARMAND

ARMAND, *paraissant au fond* – Restez, monsieur Perrichon, le duel n'aura pas lieu.

TOUS – Comment ?

115 HENRIETTE, *à part* – M. Armand ! j'étais bien sûre de lui !

MADAME PERRICHON, *à Armand* – Mais expliquez-nous...

ARMAND – C'est bien simple... je viens de faire mettre à Clichy le commandant Mathieu.

TOUS – À Clichy ?

120 DANIEL, *à part* – Il est très actif, mon rival !

ARMAND – Oui... cela avait été convenu depuis un mois entre le commandant et moi... et je ne pouvais trouver une meilleure occasion de lui être agréable... *(À Perrichon.)* et de vous en débarrasser !

125 MADAME PERRICHON, *à Armand* – Ah ! monsieur, que de reconnaissance !...

HENRIETTE, *bas* – Vous êtes notre sauveur !

PERRICHON, *à part* – Eh bien, je suis contrarié de ça... j'avais si bien arrangé ma petite affaire... À midi moins un
130 quart, on nous mettait la main dessus.

MADAME PERRICHON, *allant à son mari* – Remercie donc.

PERRICHON – Qui ça ?

MADAME PERRICHON – Eh bien, M. Armand.

PERRICHON – Ah ! oui. *(À Armand, sèchement.)* Monsieur,
je vous remercie.

MAJORIN, *à part* – On dirait que ça l'étrangle. *(Haut.)* Je
vais toucher mon dividende. *(À Daniel.)* Croyez-vous que
la caisse soit ouverte ?

DANIEL – Oui, sans doute. J'ai une voiture, je vais vous
conduire. Monsieur Perrichon, nous nous reverrons ; vous
avez une réponse à me donner.

MADAME PERRICHON, *bas, à Armand* – Restez. Perrichon a
promis de se prononcer aujourd'hui : le moment est
favorable, faites votre demande.

ARMAND – Vous croyez ?... C'est que...

HENRIETTE, *bas* – Courage, monsieur Armand !

ARMAND – Vous ? oh ! quel bonheur !

MAJORIN – Adieu, Perrichon.

DANIEL, *saluant* – Madame... mademoiselle...

*Henriette et madame Perrichon sortent par la droite ; Majorin
et Daniel par le fond, à gauche.*

Scène 5

PERRICHON, ARMAND, *puis* **JEAN,**
et **LE COMMANDANT**

PERRICHON, *à part* – Je suis très contrarié... très contrarié !...
j'ai passé une partie de la nuit à écrire à mes amis que je
me battais... je vais être ridicule...

ARMAND, *à part* – Il doit être bien disposé... Essayons.
(Haut.) Mon cher monsieur Perrichon...

Acte IV, scène 5

PERRICHON, *sèchement.* Monsieur ?

ARMAND – Je suis plus heureux que je ne puis le dire d'avoir pu terminer cette désagréable affaire.

160 **PERRICHON**, *à part* – Toujours son petit air protecteur. *(Haut.)* Quant à moi, monsieur, je regrette que vous m'ayez privé du plaisir de donner une leçon à ce professeur de grammaire !

ARMAND – Comment ! mais vous ignorez donc que votre
165 adversaire...

PERRICHON – Est un ex-commandant au 2e zouaves... Eh bien, après ? J'estime l'armée, mais je suis de ceux qui savent la regarder en face.

Il passe fièrement devant lui.

170 **JEAN**, *paraissant et annonçant* – Le commandant Mathieu.

PERRICHON – Hein ?

ARMAND – Lui ?

PERRICHON – Vous me disiez qu'il était en prison !

LE COMMANDANT, *entrant* – J'y étais, en effet, mais j'en suis
175 sorti. *(Apercevant Armand.)* Ah ! monsieur Armand, je viens de consigner[1] le montant du billet que je vous dois, plus les frais...

ARMAND – Très bien, commandant... Je pense que vous ne me gardez pas rancune... vous paraissiez si désireux d'aller
180 à Clichy.

LE COMMANDANT – Oui, j'aime Clichy... mais pas les jours où je dois me battre. *(À Perrichon.)* Je suis désolé, monsieur, de vous avoir fait attendre... Je suis à vos ordres.

---

note

1. consigner : régler.

JEAN, *à part* – Oh ! ce pauvre bourgeois !

185 PERRICHON – Je pense, monsieur, que vous me rendrez la justice de croire que je suis tout à fait étranger à l'incident qui vient de se produire ?

ARMAND – Tout à fait ! car, à l'instant même, monsieur me manifestait ses regrets de ne pouvoir se rencontrer avec 190 vous.

LE COMMANDANT, *à Perrichon* – Je n'ai jamais douté, monsieur, que vous ne fussiez un loyal adversaire.

PERRICHON, *avec hauteur* – Je me plais à l'espérer, monsieur.

JEAN, *à part* – Il est très solide, le bourgeois.

195 LE COMMANDANT – Mes témoins sont à la porte... partons.

PERRICHON – Partons !

LE COMMANDANT, *tirant sa montre* – Il est midi.

PERRICHON, *à part* – Midi !... déjà !

LE COMMANDANT – Nous serons là-bas à deux heures.

200 PERRICHON, *à part* – Deux heures ! ils seront partis.

ARMAND – Qu'avez-vous donc ?

PERRICHON – J'ai... toujours pensé qu'il y avait quelque noblesse à reconnaître ses torts.

LE COMMANDANT et JEAN, *étonnés* – Hein ?

205 ARMAND – Que dit-il ?

PERRICHON – Jean... laisse-nous !

ARMAND – Je me retire aussi...

LE COMMANDANT – Oh ! pardon ! je désire que tout ceci se passe devant témoins.

210 ARMAND – Mais...

LE COMMANDANT – Je vous prie de rester.

Acte IV, scène 5

PERRICHON – Commandant... vous êtes un brave militaire... et moi... j'aime les militaires ! Je reconnais que j'ai eu des torts envers vous... et je vous prie de croire que... *(À part.)* Sapristi ! devant mon domestique ! *(Haut.)* je vous prie de croire qu'il n'était ni dans mes intentions... *(Il fait signe de sortir à Jean, qui a l'air de ne pas comprendre. À part.)* Ça m'est égal, je le mettrai à la porte ce soir. *(Haut.)* ni dans ma pensée... d'offenser un homme que j'estime et que j'honore !

JEAN, *à part* – Il cane[1], le patron !

LE COMMANDANT – Alors, monsieur, ce sont des excuses ?

ARMAND, *vivement* – Oh ! des regrets !...

PERRICHON – N'envenimez pas ! n'envenimez pas ! laissez parler le commandant.

LE COMMANDANT – Sont-ce des regrets ou des excuses ?

PERRICHON, *hésitant* – Mais... moitié l'un... moitié l'autre...

LE COMMANDANT – Monsieur, vous avez écrit en toutes lettres sur le livre du Montanvert : « Le commandant est un... »

PERRICHON, *vivement* – Je retire le mot ! il est retiré !

LE COMMANDANT – Il est retiré... ici... mais là-bas ! il s'épanouit au beau milieu d'une page que tous les voyageurs peuvent lire.

PERRICHON – Ah ! dame, pour ça ! à moins que je ne retourne moi-même l'effacer.

LE COMMANDANT – Je n'osais pas vous le demander, mais, puisque vous me l'offrez...

---
note

1. cane : fuit.

LE VOYAGE DE MONSIEUR PERRICHON

240 PERRICHON – Moi ?

LE COMMANDANT – J'accepte.

PERRICHON – Permettez...

LE COMMANDANT – Oh ! je ne vous demande pas de repartir aujourd'hui... non !... mais demain.

245 PERRICHON et ARMAND – Comment ?

LE COMMANDANT – Comment ? Par le premier convoi, et vous bifferez[1] vous-même, de bonne grâce, les deux méchantes lignes échappées à votre improvisation... ça m'obligera[2].

250 PERRICHON – Oui... comme ça... il faut que je retourne en Suisse ?

LE COMMANDANT – D'abord, le Montanvert était en Savoie... maintenant c'est la France[3] !

PERRICHON – La France, reine des nations !

255 JEAN – C'est bien moins loin !

LE COMMANDANT, *ironiquement* – Il ne me reste plus qu'à rendre hommage à vos sentiments de conciliation.

PERRICHON – Je n'aime pas à verser le sang !

LE COMMANDANT, *riant* – Je me déclare complètement
260 satisfait. *(À Armand.)* Monsieur Desroches, j'ai encore quelques billets[4] en circulation, s'il vous en passe un par les mains, je me recommande toujours à vous ! *(Saluant.)* Messieurs, j'ai bien l'honneur de vous saluer !

PERRICHON, *saluant* – Commandant...

265 *Le commandant sort.*

---

notes

1. bifferez : rayerez.
2. m'obligera : me fera plaisir.
3. France : voir note 1, page 101.
4. billets : reconnaissances de dettes.

124

Acte IV, scène 6

JEAN, *à Perrichon, tristement* – Eh bien, monsieur... voilà votre affaire arrangée.

PERRICHON, *éclatant* – Toi, je te donne ton compte[1] ! va faire tes paquets, animal.

270 JEAN, *stupéfait* – Ah bah ! qu'est-ce que j'ai fait !

Il sort par la droite.

Scène 6 ARMAND, PERRICHON

PERRICHON, *à part* – Il n'y a pas à dire... j'ai fait des excuses ! moi dont on verra le portrait au Musée !... Mais à qui la faute ? à ce M. Armand !

275 ARMAND, *à part, au fond* – Pauvre homme ! je ne sais que lui dire.

PERRICHON, *à part* – Ah çà ! est-ce qu'il ne va pas s'en aller ? Il a peut-être encore quelque service à me rendre... Ils sont jolis, ses services !

280 ARMAND – Monsieur Perrichon ?

PERRICHON – Monsieur ?

ARMAND – Hier, en vous quittant, je suis allé chez mon ami... l'employé à l'administration des douanes... Je lui ai parlé de votre affaire.

285 PERRICHON, *sèchement* – Vous êtes trop bon.

ARMAND – C'est arrangé !... on ne donnera pas suite au procès.

note

1. je te donne ton compte :
je te renvoie.

PERRICHON – Ah !

ARMAND – Seulement, vous écrirez au douanier quelques mots de regrets.

PERRICHON, *éclatant* – C'est ça ! des excuses ! encore des excuses !... De quoi vous mêlez-vous, à la fin ?

ARMAND – Mais...

PERRICHON – Est-ce que vous ne perdrez pas l'habitude de vous fourrer à chaque instant dans ma vie ?

ARMAND – Comment ?

PERRICHON – Oui, vous touchez à tout ! Qui est-ce qui vous a prié de faire arrêter le commandant ? Sans vous, nous étions tous là-bas, à midi !

ARMAND – Mais rien ne vous empêchait d'y être à deux heures.

PERRICHON – Ce n'est pas la même chose.

ARMAND – Pourquoi ?

PERRICHON – Vous me demandez pourquoi ? Parce que... non, vous ne saurez pas pourquoi ! *(Avec colère.)* Assez de services, monsieur ! assez de services ! Désormais, si je tombe dans un trou, je vous prie de m'y laisser ! j'aime mieux donner cent francs au guide... car ça coûte cent francs... il n'y a pas de quoi être si fier ! Je vous prierai aussi de ne plus changer les heures de mes duels, et de me laisser aller en prison si c'est ma fantaisie.

ARMAND – Mais, monsieur Perrichon...

PERRICHON – Je n'aime pas les gens qui s'imposent... c'est de l'indiscrétion ! Vous m'envahissez !...

ARMAND – Permettez...

PERRICHON – Non, monsieur ! on ne me domine pas, moi ! Assez de services ! assez de services !

Il sort par le pavillon.

Au fil du texte

Questions sur l'acte IV, scènes 1 à 6 (pages 113 à 126)

QUE S'EST-IL PASSÉ ?

1. Complétez les phrases suivantes.
a) ...Majorin... et M. Perrichon ont rendez-vous vers 10 heures.
b) ...Armand... intervient pour annoncer que le duel n'aura pas lieu.
c) En effet, il vient de faire mettre en prison le commandant Mathieu à ...Clichy... .
d) Le commandant resurgit : M. Perrichon doit lui faire des excuses devant Armand et ...Jean... .
e) On ne donnera pas suite au procès qui menaçait M. Perrichon, grâce à l'intervention d'...Armand....

AVEZ-VOUS BIEN LU ?

2. Où est situé le début de l'acte IV ?

3. Pour quelle raison Majorin souhaite-t-il être de retour à 14 heures, après le duel ?

4. Que font Henriette et Mme Perrichon au moment où M. Perrichon vient faire ses adieux ?

5. Pour quelle raison M. Perrichon est-il contrarié par l'annulation du duel ?

6. Quel personnage quitte la scène à la fin de la scène 6 ?

ÉTUDIER LA GRAMMAIRE

7. Relevez trois propositions subordonnées relatives dans la scène 5. Quelle est la fonction de la relative et du pronom relatif dans chacune de ces propositions ?

Au fil du texte

8. Relevez une proposition subordonnée complétive c.o.d. dans la scène 5.

9. Relevez une proposition subordonnée conjonctive de cause dans la scène 5.

10. Relevez un verbe conjugué à l'imparfait du subjonctif dans la scène 5. Pourquoi ce temps apparaît-il ?

synonyme : mot de signification très proche ou identique.

ÉTUDIER LE VOCABULAIRE

11. Cherchez l'origine du mot « *fanfaronnade* » (l. 28) et donnez deux synonymes★.

12. Donnez un synonyme du mot « *pressant* » dans la phrase : « *je lui ai écrit hier soir un mot pressant* » (l. 30).

13. Quel synonyme peut-on proposer pour le verbe « *tâcher* » dans : « *tâche d'être revenu pour dîner* » (l. 94-95) ?

14. Donnez les noms formés sur les radicaux des adjectifs suivants : « *loyal, solide, brave, égal, bonne, méchantes, stupéfait, pauvre, petit, simple, ridicule.* »

15. Quelle différence peut-on faire entre un « homme pauvre » et un « *pauvre homme* » (l. 275) ?

16. Donnez un verbe comportant le même radical que « *reconnaître* » (l. 203) et un préfixe différent.

ÉTUDIER L'ORTHOGRAPHE

17. Expliquez l'orthographe de « *quant* » dans « *Quant à moi* » (l. 161).

Acte IV, scènes 1 à 6

ÉTUDIER LE DISCOURS

18. Étudiez les pronoms utilisés dans la scène 2 par M. Perrichon pour s'adresser à Majorin. Que remarquez-vous ?

19. Quel argument utilise M. Perrichon pour retenir Majorin ?

20. M. Perrichon fait-il ses excuses au commandant de bonne grâce dans la scène 5 ? Appuyez votre réponse sur des répliques* précises.

21. Pour quelle raison, selon vous, M. Perrichon s'en prend-il à Jean puis à Armand à la fin de la scène 5 et dans la scène 6 ?

22. Quelles sont les répliques du commandant qui peuvent sembler cruelles ou ironiques pour M. Perrichon ?

réplique :
propos tenu par un personnage dans un dialogue.

métaphore :
rapprochement implicite entre deux réalités.

ÉTUDIER LE GENRE : LA COMÉDIE

23. Majorin évoque la reconnaissance dans la scène 2 : ce thème est-il important dans la pièce ?

24. Montrez que la scène 3 est construite sur un contraste. Quel effet comique peut-on en tirer ?

25. La scène 5 illustre-t-elle la bravoure ou la lâcheté de M. Perrichon ? Pourquoi ?

ÉTUDIER L'ÉCRITURE

26. Labiche utilise parfois des répétitions comiques. Donnez un exemple emprunté à la première scène de cet acte.

27. Relevez une métaphore* utilisée par Daniel dans la scène 1. Est-elle tout à fait appropriée ?

—————— *Au fil du texte* —————— **Acte IV, scènes 1 à 6** —

28. Les apartés* prennent une importance croissante dans les premières scènes de cet acte. Pour quelle raison ?

LIRE L'IMAGE

29. À quelle scène correspond la photographie de la page 117 ? Quels sont les personnages que vous pouvez identifier ?

aparté :
ce qu'un personnage dit à part soi et qui est censé être entendu seulement des spectateurs.

À VOS PLUMES !

30. Réécrivez la scène d'excuses en lui donnant une tournure différente : le commandant n'accepte pas les excuses de M. Perrichon et se fâche.

31. Racontez sous forme de récit à la troisième personne ce que fait le commandant en quittant le salon de M. Perrichon.

32. Jean raconte quelques anecdotes sur M. Perrichon. Imaginez son récit adressé à un compagnon.

RECHERCHES ET EXPOSÉS

33. Les expositions officielles au XIXᵉ siècle.

34. Les premiers impressionnistes.

35. Les travaux d'Haussmann.

Acte IV, scène 7

Scène 7

ARMAND, *puis* HENRIETTE

ARMAND, *seul* – Je n'y comprends plus rien... je suis abasourdi !

320 HENRIETTE, *entrant par la droite, au fond* – Ah ! monsieur Armand !

ARMAND – Mademoiselle Henriette !

HENRIETTE – Avez-vous causé avec papa ?

ARMAND – Oui, mademoiselle.

325 HENRIETTE – Eh bien ?

ARMAND – Je viens d'acquérir la preuve de sa parfaite antipathie.

HENRIETTE – Que dites-vous là ? C'est impossible.

ARMAND – Il a été jusqu'à me reprocher de l'avoir sauvé
330 au Montanvert... J'ai cru qu'il allait m'offrir cent francs de récompense.

HENRIETTE – Cent francs ! par exemple !

ARMAND – Il dit que c'est le prix !...

HENRIETTE – Mais c'est horrible !... c'est de l'ingratitude...

335 ARMAND – J'ai senti que ma présence le froissait, le blessait... et je n'ai plus, mademoiselle, qu'à vous faire mes adieux.

HENRIETTE, *vivement* – Mais pas du tout ! restez !

ARMAND – À quoi bon ? c'est à Daniel qu'il réserve votre main.

340 HENRIETTE – Monsieur Daniel ?... mais je ne veux pas !

ARMAND, *avec joie* – Ah !

HENRIETTE, *se reprenant* – Ma mère ne veut pas ! elle ne partage pas les sentiments de papa ; elle est reconnaissante,

elle ; elle vous aime… Tout à l'heure elle me disait encore :
« M. Armand est un honnête homme… un homme de
cœur, et ce que j'ai de plus cher au monde, je le lui
donnerai… »

ARMAND – Mais ce qu'elle a de plus cher… c'est vous !

HENRIETTE, *naïvement* – Je le crois.

ARMAND – Ah ! mademoiselle, que je vous remercie !

HENRIETTE – Mais c'est maman qu'il faut remercier.

ARMAND – Et vous, mademoiselle, me permettez-vous
d'espérer que vous aurez pour moi la même bienveillance ?

HENRIETTE, *embarrassée* – Moi, monsieur ?…

ARMAND – Oh ! parlez, je vous en supplie…

HENRIETTE, *baissant les yeux* – Monsieur, lorsqu'une
demoiselle est bien élevée, elle pense toujours comme sa
maman.

Elle se sauve.

Scène 8   ARMAND, *puis* DANIEL

ARMAND, *seul* – Elle m'aime ! elle me l'a dit !… Ah ! je suis
trop heureux !… ah !…

DANIEL, *entrant* – Bonjour, Armand.

ARMAND – C'est vous… *(À part.)* Pauvre garçon !

DANIEL – Voici l'heure de la philosophie… M. Perrichon se
recueille… et, dans dix minutes, nous allons connaître sa
réponse. Mon pauvre ami !

Acte IV, scène 8

ARMAND – Quoi donc ?

DANIEL – Dans la campagne[1] que nous venons de faire, vous avez commis fautes sur fautes...

370 ARMAND, *étonné* – Moi ?

DANIEL – Tenez, je vous aime, Armand... et je veux vous donner un bon avis qui vous servira... pour une autre fois ! vous avez un défaut mortel !

ARMAND – Lequel ?

375 DANIEL – Vous aimez trop à rendre service... c'est une passion malheureuse !

ARMAND, *riant* – Ah ! par exemple !

DANIEL – Croyez-moi... j'ai vécu plus que vous, et dans un monde... plus avancé ! Avant d'obliger un homme, assurez-
380 vous bien d'abord que cet homme n'est pas un imbécile.

ARMAND – Pourquoi ?

DANIEL – Parce qu'un imbécile est incapable de supporter longtemps cette charge écrasante qu'on appelle la reconnaissance ; il y a même des gens d'esprit qui sont
385 d'une constitution si délicate...

ARMAND, *riant* – Allons ! développez votre paradoxe !

DANIEL – Voulez-vous un exemple : M. Perrichon...

PERRICHON, *passant sa tête à la porte du pavillon* – Mon nom !

DANIEL – Vous me permettrez de ne pas le ranger dans la
390 catégorie des hommes supérieurs.

Perrichon disparaît.

---

note

1. campagne : lexique militaire pour désigner l'affrontement des deux rivaux.

DANIEL – Eh bien, M. Perrichon vous a pris tout doucement en grippe.

ARMAND – J'en ai bien peur.

395 **DANIEL** – Et pourtant vous lui avez sauvé la vie. Vous croyez peut-être que ce souvenir lui rappelle un grand acte de dévouement ? Non ! il lui rappelle trois choses : *primo*, qu'il ne sait pas monter à cheval ; *secundo*, qu'il a eu tort de mettre des éperons, malgré l'avis de sa femme ; 400 *tertio*, qu'il a fait en public une culbute ridicule…

ARMAND – Soit, mais…

DANIEL – Et, comme il fallait un bouquet à ce beau feu d'artifice, vous lui avez démontré, comme deux et deux font quatre, que vous ne faisiez aucun cas de son courage, 405 en empêchant un duel… qui n'aurait pas eu lieu.

ARMAND – Comment ?

DANIEL – J'avais pris mes mesures… Je rends aussi quelquefois des services…

ARMAND – Ah ! vous voyez bien !

410 **DANIEL** – Oui, mais, moi, je me cache… je me masque ! Quand je pénètre dans la misère de mon semblable, c'est avec des chaussons et sans lumière… comme dans une poudrière ! D'où je conclus…

ARMAND – Qu'il ne faut obliger personne ?

415 **DANIEL** – Oh non ! mais il faut opérer nuitamment[1] et choisir sa victime ! D'où je conclus que ledit Perrichon vous déteste : votre présence l'humilie, il est votre obligé, votre inférieur ! vous l'écrasez, cet homme !

---

note

1. nuitamment : de nuit, secrètement.

Acte IV, scène 8

ARMAND – Mais c'est de l'ingratitude !...

420 DANIEL – L'ingratitude est une variété de l'orgueil... « C'est l'indépendance du cœur », a dit un aimable philosophe. Or, M. Perrichon est le carrossier le plus indépendant de la carrosserie française ! J'ai flairé cela tout de suite... Aussi ai-je suivi une marche tout à fait 425 opposée à la vôtre.

ARMAND – Laquelle ?

DANIEL – Je me suis laissé glisser... exprès ! dans une petite crevasse... pas méchante.

ARMAND – Exprès ?

430 DANIEL –Vous ne comprenez pas ? Donner à un carrossier l'occasion de sauver son semblable, sans danger pour lui, c'est un coup de maître ! Aussi, depuis ce jour, je suis sa joie, son triomphe, son fait d'armes ! Dès que je parais, sa figure s'épanouit, son estomac se gonfle, il lui pousse des 435 plumes de paon dans sa redingote... Je le tiens ! comme la vanité tient l'homme... Quand il se refroidit, je le ranime, je le souffle... je l'imprime dans le journal... à trois francs la ligne !

ARMAND – Ah bah ! c'est vous ?

440 DANIEL – Parbleu ! Demain, je le fais peindre à l'huile... en tête à tête avec le mont Blanc ! J'ai demandé un tout petit mont Blanc et un immense Perrichon ! Enfin, mon ami, retenez bien ceci... et surtout gardez-moi le secret : les hommes ne s'attachent point à nous en raison des 445 services que nous leur rendons, mais en raison de ceux qu'ils nous rendent !

ARMAND – Les hommes... c'est possible... mais les femmes ?

DANIEL – Eh bien, les femmes...

ARMAND – Elles comprennent la reconnaissance, elles savent garder au fond du cœur le souvenir du bienfait.

DANIEL – Dieu ! la jolie phrase !

ARMAND – Heureusement, madame Perrichon ne partage pas les sentiments de son mari.

DANIEL – La maman est peut-être pour vous... mais j'ai pour moi l'orgueil du papa... du haut du Montanvert ma crevasse me protège !

Scène 9

LES MÊMES, PERRICHON,
MADAME PERRICHON, HENRIETTE

PERRICHON, *entrant accompagné de sa femme et de sa fille ; il est très grave* – Messieurs, je suis heureux de vous trouver ensemble... vous m'avez fait tous deux l'honneur de me demander la main de ma fille... vous allez connaître ma décision...

ARMAND, *à part* – Voici le moment.

PERRICHON, *à Daniel souriant* – Monsieur Daniel... mon ami !

ARMAND, *à part* – Je suis perdu !

PERRICHON – J'ai déjà fait beaucoup pour vous... je veux faire plus encore... Je veux vous donner...

DANIEL, *remerciant* – Ah ! monsieur !

Acte IV, scène 9

PERRICHON, *froidement* – Un conseil... *(Bas.)* Parlez moins haut quand vous serez près d'une porte.

DANIEL, *étonné* – Ah bah !

PERRICHON – Oui... je vous remercie de la leçon. *(Haut.)* Monsieur Armand... vous avez moins vécu que votre ami... vous calculez moins, mais vous me plaisez davantage... je vous donne ma fille...

ARMAND – Ah ! monsieur !...

PERRICHON – Et remarquez que je ne cherche pas à m'acquitter envers vous... je désire rester votre obligé... *(Regardant Daniel.)* car il n'y a que les imbéciles qui ne savent pas supporter cette charge écrasante qu'on appelle la reconnaissance.

Il se dirige vers la droite : madame Perrichon fait passer sa fille du côté d'Armand, qui lui donne le bras.

DANIEL, *à part* – Attrape !

ARMAND, *à part* – Oh ! ce pauvre Daniel !

DANIEL – Je suis battu ! *(À Armand.)* Après comme avant, donnons-nous la main.

ARMAND – Oh ! de grand cœur !

DANIEL, *allant à Perrichon* – Ah ! monsieur Perrichon, vous écoutez aux portes !

PERRICHON – Eh ! mon Dieu ! un père doit chercher à s'éclairer... *(Le prenant à part.)* Voyons, là... vraiment, est-ce que vous vous y êtes jeté exprès ?

DANIEL – Où ça ?

PERRICHON – Dans le trou ?

DANIEL – Oui... mais je ne le dirai à personne.

PERRICHON – Je vous en prie !

Poignées de main.

Scène 10 — LES MÊMES, MAJORIN

MAJORIN – Monsieur Perrichon, j'ai touché mon dividende à trois heures... et j'ai gardé la voiture de monsieur pour vous rapporter plus tôt vos six cents francs... les voici !

PERRICHON – Mais cela ne pressait pas.

MAJORIN – Pardon, cela pressait... considérablement ! maintenant nous sommes quittes... complètement quittes.

PERRICHON, *à part* – Quand je pense que j'ai été comme ça !...

MAJORIN, *à Daniel* – Voici le numéro de votre voiture, il y a sept quarts d'heure [1].

Il lui donne une carte.

PERRICHON – Monsieur Armand, nous resterons chez nous demain soir... et, si vous voulez nous faire plaisir, vous viendrez prendre une tasse de thé...

ARMAND, *courant à Perrichon, bas* – Demain ? vous n'y pensez pas... et votre promesse au commandant !

Il retourne près d'Henriette.

PERRICHON – Ah ! c'est juste ! *(Haut.)* Ma femme... ma fille... nous repartons demain matin pour la mer de Glace.

HENRIETTE, *étonnée* – Hein ?

MADAME PERRICHON – Ah ! par exemple, nous en arrivons ! pourquoi y retourner ?

---

note

1. il y a sept quarts d'heure : la tarification des fiacres se faisait par quart d'heure.

Acte IV, scène 10

PERRICHON – Pourquoi ? peux-tu le demander ? tu ne devines pas que je veux revoir l'endroit où Armand m'a sauvé.

MADAME PERRICHON – Cependant...

525 **PERRICHON** – Assez ! ce voyage m'est commandant... *(Se reprenant.)* commandé par la reconnaissance.

M. Perrichon (Jean le Poulain) et Henriette (Marcelline Collard), mise en scène de Jean le Poulain, Comédie-Française, 1982.

Au fil du texte

**Questions sur l'acte IV, scènes 7 à 10
(pages 131 à 139)**

QUE S'EST-IL PASSÉ ?

1. Complétez les phrases suivantes.
a) « *Monsieur, lorsqu'une demoiselle est bien élevée, elle pense toujours comme sa* .... »,
affirme ....
b) « *Avant d'obliger un homme, assurez-vous bien d'abord que cet homme n'est pas un* .... »
c) .... s'est en fait laissé tomber dans un précipice.
d) Selon ...., les femmes sont davantage capables de reconnaissance que les hommes.

AVEZ-VOUS BIEN LU ?

2. Qui vient d'être congédié par M. Perrichon ?

3. Qui vient donner une leçon de philosophie à Armand ?

4. Qui surprend la conversation des deux hommes ?

5. Finalement, à qui M. Perrichon donne-t-il sa fille ?

6. À propos de qui M. Perrichon déclare-t-il, dans la scène 10 : « *Quand je pense que j'ai été comme ça !...* » ?

ÉTUDIER LA GRAMMAIRE

7. Relevez une proposition subordonnée conjonctive de cause dans la scène 8.

8. Quelle est la nature grammaticale du mot
« *nuitamment* » (l. 415) ? Donnez trois autres mots qui ont la même nature dans la scène 10.

140

Acte IV, scènes 7 à 10

ÉTUDIER LE VOCABULAIRE

9. De quelle façon le mot « *antipathie* » (l. 327)
est-il construit ? Quel est son antonyme★ ?
Donnez trois mots comportant le même radical.

10. Donnez deux mots de la famille★ d'« *ingratitude* »
(l. 334) que vous emploierez chacun dans une
phrase de votre choix.

11. Quelle est l'étymologie★ du mot « *philosophie* »
(l. 364) ?

12. « *Primo, secundo, tertio* » (l. 398 à 400). À quelle
langue ces mots sont-ils empruntés ?

antonyme :
mot de
signification
contraire.

famille de mots :
ensemble de
mots formés
sur le même
radical.

étymologie :
origine
d'un mot.

ÉTUDIER UN THÈME : LA VANITÉ

13. Par quelles expressions et quelles images
Daniel dénonce-t-il la vanité de M. Perrichon ?
Témoignent-elles d'un certain dédain de Daniel
à l'égard de M. Perrichon ? Pourquoi ?

14. Peut-on dire que Daniel véhicule le message
« moraliste » de la pièce et qu'il prend en charge
la critique la plus efficace du bourgeois Perrichon ?
Pourquoi ?

15. Comparez Daniel et Armand dans la pièce.
Lequel semble le plus lucide et le plus subversif ?
Pourquoi ?

ÉTUDIER LE DISCOURS

16. Qu'est-ce que le marivaudage ? Cherchez dans
un dictionnaire la signification de ce mot. Peut-on
dire que la scène 7 est une scène de marivaudage ?

17. Quelle révélation importante apporte la scène 8 ?

_____ *Au fil du texte* _____

ÉTUDIER LE GENRE : LA COMÉDIE

18. Le thème du mariage contrarié est-il un thème traditionnel de la comédie ? Cherchez un ou deux exemples dans le théâtre français pour illustrer votre réponse.

19. Cherchez un ou deux exemples dans le théâtre français où un personnage surprend par hasard une conversation qu'il ne devrait pas entendre.

20. Zola reprochait à Labiche ce quatrième acte en ces termes : « Il dénoue l'intrigue d'une façon par trop commode, grâce à une conversation entre Daniel et Armand, surprise par Perrichon. » Qu'en pensez-vous ?

21. En quoi la dernière réplique* de la pièce est-elle amusante ?

réplique : propos tenu par un personnage dans un dialogue.

ÉTUDIER L'ÉCRITURE

22. Qu'est-ce qu'un paradoxe ? Citez un paradoxe employé par Daniel dans la scène 8.

23. Qu'est-ce qu'une maxime ? Quelle maxime de la scène 8 peut servir de moralité à la pièce ?

24. Daniel emploie souvent un langage figuré : donnez-en deux exemples empruntés à la scène 8.

LIRE L'IMAGE

25. Essayez de vous procurer une reproduction en couleur du tableau de Claude Monet reproduit page 169. Pourquoi ce tableau peut-il être qualifié d'impressionniste ?

Acte IV, scènes 7 à 10

À VOS PLUMES !

26. Imaginez que M. Perrichon ne surprenne pas la conversation entre Daniel et Armand. Écrivez une scène finale en tenant compte de cette nouvelle donnée.

27. Rédigez un compte rendu critique de la pièce. Vous essaierez de donner des arguments favorables et des arguments critiques sur la pièce.

DÉBATS

28. Pensez-vous que cette pièce puisse encore faire sourire de jeunes spectateurs aujourd'hui ?

29. L'ingratitude est « *l'indépendance du cœur* » selon un philosophe cité par Daniel dans la scène 8. Qu'en pensez-vous ?

Retour sur l'œuvre

1. L'argent dans *Le Voyage de Monsieur Perrichon*.
Cochez la bonne réponse.

a) M. Perrichon dispose d'une rente confortable.
Elle s'élève à :
- ☐ 20 000 livres.
- ☐ 30 000 livres.
- ☐ 40 000 livres.

b) Majorin a un salaire annuel de :
- ☐ 1 200 francs.
- ☐ 2 400 francs.
- ☐ 4 800 francs.

c) Majorin souhaite voir M. Perrichon pour que
celui-ci lui avance :
- ☐ 200 francs.
- ☐ 600 francs.
- ☐ 1 400 francs.

d) Pour inscrire les dépenses, M. Perrichon a acheté
à sa fille :
- ☐ un carnet.
- ☐ un livre de comptes.
- ☐ une calculatrice.

e) Majorin espère toucher un dividende des paquebots.
Il possède en effet :
- ☐ 2 actions.
- ☐ 12 actions.
- ☐ 120 actions.

f) Le personnage poursuivi par les huissiers est :
- ☐ le commandant.
- ☐ Joseph.
- ☐ Majorin.

g) M. Perrichon donne au facteur un pourboire de :
- ☐ 2 sous.
- ☐ 20 sous.
- ☐ 100 sous.

h) Le livre *Les Bords de la Saône* acheté par M. Perrichon à la gare coûte :
☐ 1 franc.
☐ 2 francs.
☐ 10 francs.

i) Un Russe a été sauvé par son guide au même endroit que M. Perrichon. Ce Russe a offert à son guide :
☐ sa fille.
☐ 100 francs.
☐ 10 000 francs.

j) Pour Anita, le commandant achète :
☐ des tableaux.
☐ des robes.
☐ du mobilier.

k) M. Perrichon a dissimulé des montres pour ne pas payer les droits de douane. Il avait acheté :
☐ 3 montres.
☐ 6 montres.
☐ 9 montres.

l) Un personnage s'acquitte d'une dette envers M. Perrichon dans la dernière scène. C'est :
☐ le commandant.
☐ Majorin.
☐ Daniel.

2. Qui prononce ces phrases ?

a) « *Les huissiers, c'est comme les vers... quand ça commence à se mettre quelque part...* »

b) « *Encore quelques minutes et, rapides comme la flèche de Guillaume Tell, nous nous élancerons vers les Alpes !* »

c) « *Je me suis demandé un petit congé, et je n'ai pas hésité à me l'accorder...* »

d) « *Je me suis toujours demandé pourquoi les Français, si spirituels chez eux, sont si bêtes en voyage !* »

Retour sur l'œuvre

e) « L'amour à cinquante ans... voyez-vous... c'est comme un rhumatisme, rien ne le guérit. »
f) « Souvent aussi on attribue au hasard des péripéties dont il est parfaitement innocent. »
g) « Ah ! jeune homme !... vous ne savez pas le plaisir qu'on éprouve à sauver son semblable. »
h) « Ah ! qu'il est doux de rentrer chez soi, de voir ses meubles, de s'y asseoir. »
i) « Certes, je ne suis pas un révolutionnaire, mais je le proclame hautement, la presse a du bon ! »
j) « Pardon !... pour moi, la langue française est une compatriote aimée... une dame de bonne maison, élégante, mais un peu cruelle... »
k) « Parce qu'un imbécile est incapable de supporter longtemps cette charge écrasante qu'on appelle la reconnaissance. »
l) « [Les femmes] comprennent la reconnaissance, elles savent garder au fond du cœur le souvenir du bienfait. »

3. Vrai ou faux ?

	Vrai	Faux
a) Le premier acte est situé dans la gare d'Austerlitz.	☐	☐
b) Le premier personnage qui s'exprime sur scène est Majorin.	☐	☐
c) Les Perrichon voyagent avec six valises.	☐	☐
d) Avant d'arriver à Chamouny, les personnages ont fait escale à Lyon et à Genève.	☐	☐
e) L'acte II se situe dans un train.	☐	☐
f) Armand est gérant d'une société de paquebots.	☐	☐
g) M. Perrichon fait une faute d'orthographe quand il écrit sa pensée sur le livre des voyageurs.	☐	☐
h) Le commandant Mathieu connaît Anita depuis trois ans.	☐	☐

	Vrai	Faux

i) Le commandant Mathieu demande à Daniel qu'il le poursuive pour aller en prison. ☐ ☐
j) Daniel connaît Pingley. ☐ ☐
k) Armand connaît un employé supérieur de l'administration des douanes. ☐ ☐
l) Dans la dernière réplique de la scène, Perrichon emploie le mot « commandant » à la place de « commandé ». ☐ ☐

4. Dans quel acte se déroule l'événement mentionné ?
a) La rencontre entre Armand et Daniel.
b) Daniel propose à M. Perrichon de le faire représenter dans un tableau.
c) M. Perrichon sauve Daniel.
d) Armand sauve M. Perrichon.
e) M. Perrichon surprend une conversation entre Armand et Daniel.
f) Le commandant vient demander des explications à M. Perrichon.
g) Daniel écrit au préfet de police.
h) M. Perrichon achète un livre.
i) Majorin rembourse un prêt.
j) Perrichon se fâche contre Armand.

5. Quel personnage pourrait prononcer cette phrase ?
a) « Mon panama est sans doute resté dans le fiacre… vite ! »
b) « Cette fois-ci, c'est décidé ! Plus jamais je ne reverrai Anita ! »
c) « J'ai prêté mon journal à M. Perrichon. Il était si intéressé qu'il s'est endormi dessus. »

Retour sur l'œuvre

d) « *Ma famille est de la Beauce, aussi suis-je peu habituée aux reliefs.* »
e) « *Mon patron sauver un homme ? Allons donc !* »
f) « *Voilà bien deux ans qu'il nous promettait ce voyage… pauvre père… quelle peine il se donne.* »
g) « *Je suis sûr que le commandant se réconciliera très vite avec Anita… Ah ! Elle le ruine vraiment !* »
h) « *J'espère bien que Perrichon me prêtera l'argent dont j'ai besoin… Vite… trouvons-le.* »

6. Retrouvez la définition des mots suivants.

1) carrossier	*5)* factionnaire	*9)* lieue
2) facteur	*6)* panama	*10)* guéridon
3) manant	*7)* créancier	*11)* notoriété
4) lorgnette	*8)* chausson	*12)* aune

a) Longue-vue portative.
b) Petite table ronde.
c) Chapeau tressé léger.
d) Fabricant de voitures.
e) Unité de mesure ancienne équivalant à 4 kilomètres environ.
f) Personne à qui l'on doit de l'argent.
g) Sentinelle.
h) Chaussure d'étoffe dont on entourait les souliers pour éviter de déraper.
i) Réputation.
j) Porteur employé par une compagnie de chemin de fer.
k) Ancienne unité de mesure utilisée pour les étoffes.
l) Homme grossier.

Schéma dramatique

ACTE I : la gare de Lyon

1. Scènes 1 à 6

a) Majorin monologue (scène 1) : il vient emprunter de l'argent à M. Perrichon, riche rentier à la retraite depuis peu (scène 6).

b) Le voyage : M. Perrichon part en train pour les Alpes en compagnie de sa femme et de sa fille Henriette (scènes 2, 5 et 6).

c) L'intrigue sentimentale : la fille de M. Perrichon est convoitée par deux prétendants que l'on découvre tour à tour : Daniel (scène 3) et Armand (scène 4).

2. Scènes 7 à 9

a) Le commandant Mathieu part en voyage pour fuir une histoire amoureuse ruineuse (scène 7).

b) M. Perrichon, bourgeois du Second Empire quelque peu ridicule (scènes 8 et 9).

ACTE II : l'auberge

1. Scènes 1 à 4

a) L'amitié des deux rivaux Armand et Daniel (scène 1).

b) Humour et distance ironique de Daniel (scène 2).

c) Armand sauve la vie de M. Perrichon et semble prendre l'avantage (scènes 3 et 4).

2. Scènes 5 à 9

a) M. Perrichon l'ingrat (scène 5).

b) Daniel à nouveau en course (scènes 6 et 7).

c) Le commandant Mathieu se confie après avoir corrigé l'erreur d'orthographe de M. Perrichon (scène 8).

d) Armand demande la main d'Henriette à Mme Perrichon (scène 9).

Schéma dramatique

3. Scène 10
Revirement : M. Perrichon sauve la vie de Daniel
et lui témoigne sa gratitude !

ACTE III : le salon des Perrichon
1. Scènes 1 à 4
a) Retour de voyage (scènes 1 et 2).
b) Préférence d'Henriette pour Armand (scènes 3 et 4)
alors que M. Perrichon soutient Daniel.
2. Scènes 5 à 8
a) Les mésaventures de M. Perrichon à la douane suisse
(scène 5).
b) Avantage à Daniel (l'article sur l'exploit de M. Perrichon)
puis à Armand : le procès annoncé (scènes 6 et 7).
c) Les faiblesses et les vanités de M. Perrichon : le portrait
(scène 8).
3. Scènes 9 à 13
a) Méprise et duel (scène 9).
b) Manœuvres pour éviter le duel (scènes 10 à 13).

ACTE IV : extérieur
1. Scènes 1 à 4
a) Préparatifs d'un duel impossible (scènes 1 à 3).
b) Le duel annulé : intervention d'Armand qui a fait
emprisonner le commandant (scène 4).
2. Scènes 5 à 7
a) Le retour du commandant et les excuses
de M. Perrichon (scène 5).
b) La déroute d'Armand (scènes 6 et 7).
3. Scènes 8 à 10
a) La morale de la pièce (scène 8).
b) Le mariage d'Armand et d'Henriette (scènes 9 et 10).

Il était une fois Eugène Labiche

« Ma vie a été trop heureuse pour que ma biographie soit intéressante » écrivait Labiche en 1859 à son ami Nadar, le célèbre photographe. Une vie principalement occupée par la production intensive de pièces de théâtre à une époque où les scènes parisiennes sont en pleine effervescence, vie de labeur et de succès, de joies familiales, de séjours paisibles en Sologne. L'écrivain sut exploiter la vogue des comédies divertissantes et s'assurer ainsi de substantiels revenus pour mener la vie d'un grand bourgeois du XIXe siècle.

Date clé

1815 : naissance d'Eugène Labiche.

UNE ENFANCE PRIVILÉGIÉE

Agriculteurs de la Beauce sous l'Ancien Régime, les Labiche comptent, au début du XIXe siècle, des commerçants et des notaires de campagne. Le père d'Eugène, Jean-Baptiste Labiche, a fondé une épicerie prospère à Paris pour profiter de l'essor économique de l'Empire. Il s'est marié en 1813 avec la fille d'un riche commerçant. Eugène Labiche naît à Paris, le 6 mai 1815, l'année de Waterloo. Dans les années qui suivent, le commerçant prospère devient un industriel fortuné : il a en effet l'idée de fonder une fabrique de « sirop et glucose de fécule », produit utile à la confiserie et à la viticulture. Il s'installe à Rueil, à quelques kilomètres de Paris, et devient un notable local grâce à la réussite de sa fabrique.

L'auteur du *Voyage de Monsieur Perrichon* est inscrit dans l'une des meilleures écoles de Paris. Il suivra les cours du

Il était une fois Eugène Labiche

collège Bourbon, l'actuel lycée Condorcet. Élève moyen visiblement économe de ses efforts, il gardera tout de même une certaine tendresse pour ses années de formation qui lui auront fait découvrir la richesse des comportements humains. C'est du moins ce qu'il retient, quelques années plus tard, quand il évoque ses études parisiennes : « Ne croyez pas que le plus grand bienfait de l'éducation publique consiste dans la pratique des livres, mais bien plutôt dans la pratique des hommes ; dans cette connaissance élémentaire de ses semblables, et là seulement, on acquiert cette connaissance. Les passions et les instincts de chacun s'y dessinent. Il y a des flatteurs, des faux frères, des fripons au petit pied, des roués, des ambitieux ; toute cette petite société s'agite et intrigue comme la grande. » Connaissance et observation des usages ou des travers humains donc, que l'on retrouvera dans les comédies de Labiche.

Date clé

1834 : Labiche publie sa première nouvelle.

Un jeune homme romantique et ambitieux

Après avoir obtenu son baccalauréat, Eugène s'installe à Paris dans un immeuble que sa mère, récemment décédée, lui a légué. Il possède des rentes confortables qui lui permettent d'envisager sereinement l'avenir et de se consacrer à ses passions. Il veut écrire et commence à collaborer à quelques gazettes : en janvier 1834, il publie sa première nouvelle (*Pauvre Femme*) dans *L'Essor*, texte marqué par la mode romantique qui inspire la jeunesse de l'époque.

Puis, avant d'entamer des études de droit suggérées par son père, il voyage en Italie avec quelques compagnons

Il était une fois Eugène Labiche

qui resteront de fidèles amis et des collaborateurs très actifs quand il écrira ses pièces : Édouard Jolly et Alphonse Leveaux. Ce dernier devra d'ailleurs, quelques années plus tard, prendre un pseudonyme pour éviter les sourires que pourrait suggérer l'association Labiche-Leveaux !

En Italie, Eugène vit ses premières aventures amoureuses, lit Victor Hugo, découvre paysages et monuments. Il s'épanouit.

C'est un solide gaillard de 1,90 m qui revient en août 1834, quelque peu dandy. Il suivra en dilettante ses études juridiques, leur préférant déjà la fréquentation des théâtres, des journaux ou des bistrots à la mode. Il continue à publier quelques nouvelles ou quelques reportages dans de modestes revues, s'essaie à un roman en 1836 (*La Clef des champs*). Ce livre, publié en 1839, sans doute d'inspiration largement autobiographique, évoque les relations difficiles entre une mère trop possessive et un fils trop docile.

Il écrit surtout des critiques théâtrales (pour *La Revue du théâtre,* par exemple) et s'imprègne, avec ses plus fidèles amis (Alphonse Leveaux, Auguste Lefranc, Marc-Michel) du théâtre à la mode, qu'il soit romantique (*Chatterton* de Vigny en 1835, par exemple) ou comique.

Dates clés

1836 :
Labiche achève un roman, *La Clef des champs.*

1838 :
Labiche décide d'écrire des vaudevilles.

PREMIERS ESSAIS THÉÂTRAUX

Dès 1838, Labiche décide de se consacrer entièrement à sa passion et d'écrire des « vaudevilles ». À cette époque, ces courtes pièces comiques agrémentées de chants sont à la mode (voir « La comédie », pp. 178 à 181) ainsi que le mélodrame. Si Eugène dispose de rentes confortables, les revenus que peuvent lui apporter

Il était une fois Eugène Labiche

quelques succès théâtraux sont loin d'être négligeables.
Il décide donc de s'associer avec deux de ses amis,
Auguste Lefranc (cousin d'Eugène Scribe, célèbre
et prolifique auteur de vaudevilles à cette époque)
et Marc-Michel, qui se sont déjà essayés à l'écriture
théâtrale. Ils passent un accord pour produire ensemble
des vaudevilles et décident d'un pseudonyme : le trio
signera désormais Paul Dandré. L'objectif ? Produire à
un rythme soutenu des pièces comiques en conjuguant
les talents de chacun.

Cette pratique de la création collective ou de la
collaboration était très fréquente à l'époque. Elle
permettait un travail plus efficace, plus ludique et plus
rapide. On jouait sur les scènes parisiennes spécialisées
dans ce type de théâtre (le Palais-Royal, le théâtre
du Vaudeville, les Variétés, le Gymnase, les Folies-
Dramatiques) trois ou quatre vaudevilles chaque soir
et certains étaient retirés au bout de quelques
représentations. Le public étant relativement limité,
le renouvellement des pièces était rapide. Il fallait donc
satisfaire cette importante demande.

Sur les 175 pièces attribuées à Labiche, moins d'une
dizaine sera écrite sans collaborateur. Marc-Michel
signera 48 pièces avec Labiche, Auguste Lefranc 36.
« Pour faire une pièce, je cherche d'abord un collaborateur »,
confiera notre auteur quelques années plus tard !

La rédaction est une sorte de jeu où chacun apporte ses
idées et ses mots. Ni la première création signée Dandré
(*M. de Coyllin ou l'homme infiniment poli*, 1838) ni les
quelques pièces sérieuses auxquelles le trio s'essaie
ne rencontrent un grand succès. Ce sont des années
d'apprentissage qui mèneront Labiche à son premier
succès, en 1844.

Il était une fois Eugène Labiche

UNE VOCATION MENACÉE

Tous les dimanches, Eugène reçoit dans la propriété familiale de Rueil. Acteurs, collaborateurs, artistes, jolies femmes… Ce sont les années de bohème insouciante. En 1842, il rencontre une charmante jeune femme de 18 ans, Adèle Hubert. Son père, Jean-Baptiste Hubert, est un riche industriel (spécialisé dans la transformation des grains en farine) qui n'a guère de goût pour le théâtre et la société des gens du spectacle. Il accepte que sa fille se marie avec Eugène mais fixe une seule condition : le jeune dramaturge devra abandonner sa carrière de vaudevilliste… Eugène épouse Adèle le 25 avril 1842 et le couple part en voyage de noces pendant deux mois, en Suisse et en Italie. Eugène cesse d'écrire.

Quelques mois plus tard, il tourne en rond dans le grand appartement qu'occupent maintenant les jeunes mariés, rue du Faubourg-Montmartre. Il s'ennuie. Il se sent un peu jeune pour rester oisif et son énergie déborde… C'est Adèle, sa femme, qui se chargera de relancer sa carrière et l'encouragera à écrire de nouveau. Dès lors, il se lance véritablement dans la carrière d'auteur de vaudevilles… avec la bienveillance de son beau-père.

Dates clés

1842 : mariage de Labiche avec Adèle Hubert.

1844 : premier succès de Labiche avec *Le Major Cravachon*.

À L'ASSAUT DU SUCCÈS

Après un demi-échec en 1843 (avec *L'Homme de paille*), il remporte son premier véritable succès l'année suivante dans un vaudeville (dit « impérial ») qui met en scène un survivant de l'épopée napoléonienne : *Le Major Cravachon*. Il travaille désormais régulièrement avec Auguste Lefranc. L'« atelier Labiche » devient plus productif : trois pièces en 1846, quatre en 1847, quatre en 1848. Dix pièces portent le nom de Labiche en 1849,

Il était une fois Eugène Labiche

neuf en 1850. Cette période est jalonnée de belles réussites : *Deux Papas très bien ou la grammaire de Chicard* en 1844, *Un jeune homme pressé* en 1848 (œuvre écrite sans collaborateur), *Le Club champenois* la même année, satire assez virulente des phraseurs révolutionnaires qui s'épanchent dans les clubs à la mode. Trois comédies seront jouées en 1850 : *Embrassons-nous Folleville*, *Un garçon de chez Véry* ou encore *La Fille bien gardée*. Labiche a atteint une certaine notoriété et une incontestable dextérité dans la construction et l'écriture de ses vaudevilles. Dans la création collective, il apporte souvent la « touche finale » et perfectionne les dialogues, ajoutant ses pointes, ses calembours et ses subtilités. Mais l'année suivante, il connaîtra vraiment la gloire avec une pièce qui laisse d'abord sceptiques les acteurs et le directeur du théâtre qui préparent le spectacle : *Un chapeau de paille d'Italie*. Labiche a déjà écrit plus d'une cinquantaine de pièces, mais l'intrigue de celle-ci est si animée et frénétique qu'elle surprend tout le monde et que certains critiques parleront d'un genre nouveau, « le vaudeville en mouvement ». Comédie ambitieuse en cinq actes, la pièce est encore agrémentée de couplets mais il ne s'agit plus d'un simple vaudeville. Elle sera jouée pendant 300 représentations consécutives alors qu'à l'époque la cinquantaine de représentations est déjà considérée comme un beau succès. Labiche devient l'auteur-phare de la comédie légère à l'aube du Second Empire.

Dates clés

1848 :
Un jeune homme pressé.

1851 :
Un chapeau de paille d'Italie.

LA MATURITÉ

Adulé par la critique et par le public, Labiche est un auteur reconnu et riche. Il profite de son succès

Il était une fois Eugène Labiche

pour s'acheter une propriété à Souvigny, en Sologne, un domaine de 500 hectares qu'il agrandira encore les années suivantes.

Il continue à produire des comédies à un rythme élevé (huit en 1852, par exemple) et quelque peu frustré d'être cantonné dans le genre du vaudeville, il s'essaie à un genre de comédie plus complexe, la comédie de mœurs, avec *La Chasse aux corbeaux*, en 1853. Mais le public, dérouté de ne pas retrouver le Labiche habituel, ne le suit pas.

Lui qui est habitué aux succès du théâtre du Palais-Royal (spécialisé dans les vaudevilles) commence à rêver de la Comédie-Française : « Ce théâtre du Palais-Royal m'aura fait bien du mal, il aura confisqué au profit de la farce les quelques éléments de comédie que je puis avoir dans la cervelle. [...] J'ai toujours l'espoir et le désir de faire une pièce pour le Théâtre-Français », confie-t-il à son ami Leveaux en 1854.

Un fils naît en 1856 (André-Marin), année où il rencontre un nouveau collaborateur jeune et ambitieux : Édouard Martin. Avec lui, il connaîtra de grands succès et tendra vers une comédie de mœurs plus complexe : *L'Affaire de la rue de Lourcine* en 1857, *Le Baron de Fourchevif* et *Les Petites Mains* en 1859, et surtout *Le Voyage de Monsieur Perrichon* en 1860, donné au théâtre du Gymnase, marquent le passage progressif à une comédie ambitieuse, quelque peu éloignée des principes du vaudeville et du théâtre de boulevard. Les ambitions de Labiche s'affirment quand il écrit à Leveaux, après le *Voyage* : « Je vais suivre tout à fait le conseil que tu me donnes depuis longtemps, c'est-à-dire abandonner complètement le Palais-Royal et travailler à la douce dans un genre plus élevé. Je ferai une pièce ou deux par an… et de l'avoine et du seigle le reste de l'année. »

Dates clés

1856 :
début de la collaboration avec Édouard Martin.

1857 :
L'Affaire de la rue de Lourcine.

1859 :
Le Baron de Fourchevif.

1860 :
Le Voyage de Monsieur Perrichon.

Il était une fois Eugène Labiche

LA CONSÉCRATION

Labiche n'abandonnera en fait jamais le vaudeville.
Il donnera encore 26 pièces au Palais-Royal tout en
livrant des comédies où l'étude des caractères et des
mœurs bourgeoises sera plus fine, où les gauloiseries
et les extravagances burlesques seront atténuées :
La Poudre aux yeux en 1861 (un de ses plus grands
succès au théâtre du Gymnase), *Célimare le bien-aimé*
en 1863, *La Cagnotte* en 1864.

Fin 1862, Labiche a pris contact avec Édouard Thierry,
l'administrateur de la Comédie-Française, seul théâtre
qui confère véritablement ses lettres de noblesse à un
auteur de comédies. Il propose une sorte d'« École des
femmes » contemporaine avec une pièce intitulée *Moi*.
Celle-ci sera acceptée et jouée pour la première fois
le 21 mars 1864. Jouée 42 fois, elle remporte du succès
auprès du public mais reçoit un accueil plus réservé
des critiques. C'est tout de même une consécration
pour le maître du boulevard parisien.

Quelques succès suivront sur d'autres scènes
parisiennes : *La Grammaire* (1867), ou encore *Le Plus
Heureux des trois* (1869), par exemple. Labiche sacrifiera
aussi à la mode de l'opérette en composant quelques
livrets : *Le Voyage en Chine,* en 1865, triomphera à
l'Opéra-Comique dans ce registre à une époque où
Offenbach fait chanter tout Paris. Mais progressivement
notre auteur se retirera des cénacles parisiens. Il devient
maire de Souvigny en 1868, s'occupe de l'aménagement
de la Sologne, vit au milieu des paysans, accepte
difficilement la Troisième République et se retire
des scènes parisiennes après le demi-succès
de *La Clé* en 1877.

Dates clés

1861 :
*La Poudre
aux yeux.*

1864 :
La Cagnotte.

1864 :
Moi, à la
Comédie-
Française.

1867 :
La Grammaire.

1868 :
Labiche
devient maire
de Souvigny.

Il était une fois Eugène Labiche

Deux événements signalent le prestige qu'il a acquis et confirmeront l'importance de l'écrivain au XIXe siècle : sur la proposition d'un ami, il publie son théâtre complet chez Calmann-Lévy en 1878-1879… Théâtre choisi serait un titre plus exact puisqu'il ne retient que 57 pièces sur 175 ! C'est un énorme succès de librairie ! Enfin, Eugène Labiche est élu à l'Académie française en 1880, quelques années avant sa mort, le 22 janvier 1888. Il faudra attendre 1906, dix-huit ans après la mort de Labiche, pour que *Le Voyage de Monsieur Perrichon* soit monté pour la première fois à la Comédie-Française.

Dates clés

1880 : Labiche est élu à l'Académie française.

1888 : Mort de Labiche.

Caricature d'Eugène Labiche, gravure de Gillot d'après un dessin de Telor.

Vivre au temps de M. Perrichon

Lorsque Labiche fait jouer *Le Voyage de Monsieur Perrichon*, en 1860, Napoléon III règne depuis douze ans. Élu président de la République en décembre 1848, il a instauré le Second Empire après le coup d'État du 2 décembre 1851. Comme beaucoup de gens appartenant aux couches aisées de la population, Labiche a d'abord salué l'instauration de la Deuxième République et le renversement de Louis-Philippe en 1848. Il applaudira au coup d'État de Louis Napoléon quelques années après : son attitude est assez exemplaire et traduit bien l'évolution d'une opinion publique qui, dans sa grande majorité, soutiendra Napoléon III pendant une grande partie de son règne. Comment comprendre ce changement d'orientation aux allures de revirement idéologique ?

DE LA RÉVOLUTION À L'EMPIRE

• La révolution de 1848

Après une période de croissance soutenue, la monarchie de Juillet (1830-1848) connaît un retournement de conjoncture assez spectaculaire dans les années 1846-1847 : de mauvaises récoltes et la maladie de la pomme de terre entraînent une hausse des prix du blé et des difficultés ou des faillites dans les campagnes. Pour alimenter le pays, l'État fait des achats massifs de blé russe et s'endette tandis que les cours s'écroulent. Toute l'économie est touchée : les valeurs cotées en Bourse chutent et une crise du crédit entraîne la fermeture de nombreuses sociétés. Le chômage grimpe

---

Dates clés

1848 :
Deuxième République.

Décembre 1851 :
coup d'État de Louis Napoléon.

1830-1848 :
monarchie de Juillet.

Vivre au temps de M. Perrichon

et le mécontentement devient général : les paysans et les ouvriers souffrent, les investisseurs sont déçus et inquiets du climat incertain qui devient même agité. Si l'on ajoute à cela un pouvoir éclaboussé par quelques scandales qui mettent en évidence la corruption de certains hauts responsables, l'insatisfaction des intellectuels face à un système électoral qui écarte les moins riches, l'aveuglement d'un pouvoir parisien et d'un roi peu au fait des difficultés du pays, on comprend que beaucoup souhaitent un changement de régime. La monarchie de Juillet s'effondre sans lutter à la suite de mouvements de protestation qui menacent de tourner à l'émeute sanglante : le 24 février 1848, Louis-Philippe abdique.

Dates clés

Février 1848 :
Louis-Philippe abdique.

Avril 1848 :
élection de l'Assemblée constituante de la Deuxième République.

• La Deuxième République

L'ensemble du pays se rallie à la République proclamée par un gouvernement provisoire après l'abdication du roi. Labiche, qui a partagé les idées des romantiques et fréquenté les cafés parisiens et les intellectuels, applaudit. Cette république qui abolit l'esclavage, établit le suffrage universel, garantit la liberté de la presse et réduit le temps de travail correspond à ses aspirations profondes. L'auteur du *Voyage de Monsieur Perrichon* sera même candidat, encouragé par les républicains de Rueil, à un siège à l'Assemblée constituante lors des élections d'avril 1848. Mais il ne sera pas élu. Le climat change rapidement en ces mois agités : pour lutter contre le chômage, la jeune république a ouvert des ateliers nationaux qui s'avèrent vite ruineux, la crise économique persiste dans un climat politique instable, les impôts augmentent pour financer les réformes, provoquant l'insatisfaction de tous ceux qui doivent

Vivre au temps de M. Perrichon

payer. Les ateliers nationaux ferment et l'insurrection est immédiate : en juin, les barricades se dressent dans Paris et le général Cavaignac (un républicain dit modéré) mène une répression sanglante : le fossé se creuse entre des élites inquiètes et des masses populaires insatisfaites. En décembre 1848, Louis Bonaparte est élu triomphalement président de la République (74,2 % des voix) par ceux qui espèrent un retour à l'ordre et ceux qui se souviennent avec nostalgie de l'épopée napoléonienne : les paysans, la bourgeoisie au sens large et l'aristocratie. Son mandat est de quatre ans mais, précision importante pour la suite des événements, le président n'est pas rééligible, selon la nouvelle Constitution.

• Le retour à l'ordre et le coup d'État

Quelques mesures symbolisent ce retour à l'ordre : la liberté de la presse est à nouveau limitée, la loi Falloux favorise l'essor de l'enseignement catholique tandis qu'une loi supprime de fait le suffrage universel : désormais, en effet, il faudra trois années de résidence pour pouvoir voter, ce qui écarte du vote une bonne partie des ouvriers ou des classes qui se déplacent en fonction de l'offre de travail. Les clubs, qui étaient des lieux d'agitation républicaine et d'effervescence parfois révolutionnaire, sont fermés. Une bonne partie de l'opinion publique est d'accord avec ces réformes mais s'inquiète de l'avenir. Qui sera élu président en 1852 lorsque le mandat de Louis Bonaparte sera achevé ? Dès lors, le futur Napoléon III manœuvre : il prend la défense du suffrage universel contre la Chambre qui avait voté la réforme, il tente de faire modifier la Constitution pour permettre une réélection. Ces deux

Date clé

Juin 1848 : insurrection dans Paris.

Vivre au temps de M. Perrichon

propositions échouent de peu devant l'Assemblée constituante. Beaucoup cependant suivent Louis Bonaparte : les notables, la bourgeoisie, une bonne partie de la paysannerie lui sont acquis. Dès lors, le président, conscient du soutien qu'il peut espérer, prépare avec quelques proches son coup d'État. Celui-ci a lieu le 2 décembre 1851, date anniversaire d'Austerlitz. Par des affiches placardées dans Paris, le président annonce la dissolution de l'Assemblée, le rétablissement du suffrage universel et il programme un plébiscite pour reconnaître l'autorité de Louis Napoléon. Une insurrection sera vite réprimée le 4 décembre tandis que les républicains radicaux seront conduits à l'exil (Victor Hugo, par exemple). Mais la résistance sera faible et beaucoup réagiront comme Labiche qui, lorsqu'il apprendra le coup d'État, écrira à son ami Alphonse Leveaux : « Comme toi, je bats des mains à l'acte énergique du Président. » Le 21 décembre, Louis Napoléon est plébiscité par plus de 7 millions d'électeurs (seuls 600 000 votent contre lui). Les 21 et 22 novembre 1852, un nouveau plébiscite approuve la restauration de l'Empire (par 7,8 millions de « oui » contre 253 000 « non »). Le 2 décembre 1852, l'Empire est officiellement restauré : Louis Bonaparte devient Napoléon III.

Dates clés

Décembre 1851 : exil des républicains après le coup d'État.

21 décembre 1851 : plébiscite de Louis Napoléon.

Décembre 1852 : restauration de l'Empire. Louis Napoléon devient Napoléon III.

LE SECOND EMPIRE : UN RÉGIME FORT ET STABLE

Ce que demandent des gens comme Labiche, c'est une certaine stabilité politique assurée par un gouvernement fort et un retour de la prospérité

Vivre au temps de M. Perrichon

Napoléon III et Haussmann.

Vivre au temps de M. Perrichon

économique. Dans ces deux domaines, le Second
Empire, du moins jusqu'au début des années 1860,
leur apporte entière satisfaction.

• Un régime personnel...

Par la Constitution du 15 janvier 1852, Louis Napoléon
avait posé les fondements d'un régime personnel,
profitant quelque peu de sa popularité : il commande
les armées, signe les traités, possède seul l'initiative
des lois, désigne et révoque les ministres qui sont
responsables devant lui. Le Second Empire ne fera que
développer et confirmer cette mainmise du souverain
sur le pouvoir exécutif : toute décision importante
en matière de politique intérieure ou extérieure passe
par lui. Les ministres eux-mêmes ont une autonomie
restreinte et doivent soumettre toute décision à
l'approbation du souverain. Les sénateurs sont nommés
par Napoléon III, de même que les membres du Conseil
d'État, qui constitue une sorte de tribunal administratif
suprême chargé d'examiner les amendements de
l'Assemblée nationale. Ce Conseil d'État contrôle
en fait l'Assemblée qui occupe une place secondaire :
ainsi, elle vote les projets de loi que le Conseil
d'État a contrôlés et expurgés : les amendements
rejetés ne peuvent être reproposés.

• ... et fort

Pour éviter les problèmes qui pourraient surgir si
l'Assemblée, élue directement par le peuple au suffrage
universel, reflétait une véritable diversité, Napoléon a
utilisé différents moyens. Le nombre des députés est

Vivre au temps de M. Perrichon

réduit et les pouvoirs de l'Assemblée sont très limités : beaucoup de décrets décidés par le gouvernement échappent à son contrôle. De plus, tout est fait pour influencer le vote des électeurs : les candidats officiels ont un large affichage alors que les opposants n'ont pas les mêmes chances ; tous les fonctionnaires, du préfet à l'instituteur, doivent se mobiliser pour défendre le candidat officiel du gouvernement qui fait parfois des promesses alléchantes. Il faut aussi compter sur la fraude lors des élections… Les préfets, nommés par Napoléon III, auront des pouvoirs étendus dans leur département. En 1854, par exemple, ils auront le droit de nommer et de révoquer les instituteurs. Surveillance des journaux, des clubs, propagande en faveur du régime complètent la politique autoritaire menée jusqu'à la fin des années 1850 ; ensuite, le régime évoluera dans le sens d'une libéralisation. Les républicains exilés seront par exemple amnistiés en 1859, tandis que les journaux, qui devaient se contenter de résumés officiels jusque-là, pourront reproduire les débats des deux assemblées à partir de 1860.

Si ce régime bénéficie encore, en 1860, d'un large soutien, c'est qu'il a assuré le retour à l'ordre propice à un essor économique soutenu par une conjoncture par ailleurs favorable. Des commerçants comme Perrichon ont pu faire fortune (il a 40 000 livres de rente par an, ce qui est le salaire annuel très généreux d'un ministre à l'époque) tandis que des employés plus modestes comme Majorin peuvent investir et avoir des actions de grandes compagnies. Dans ce contexte, Labiche, comme la majorité de la bourgeoisie, demeure très favorable à l'Empire.

Date clé

1859 : amnistie des républicains exilés.

Vivre au temps de M. Perrichon

L'ESSOR ÉCONOMIQUE PENDANT LE SECOND EMPIRE

Commencé avant le Second Empire puis brutalement interrompu par la crise financière qui précéda la chute de la monarchie de Juillet, l'essor économique français s'appuie sur l'afflux d'or californien, puis australien. La conjoncture favorable et le régime politique stable permettent dès lors un développement spectaculaire des affaires : l'industrie et les transports en profiteront tandis qu'une politique de grands travaux donnera aux grandes villes, et en particulier à Paris, un nouveau visage.

Date clé

1852 : fondation du Crédit Mobilier par les frères Pereire.

• La conjoncture économique et le développement des banques

L'or californien afflue en Europe à partir de 1848, trois ans avant la découverte de nouveaux gisements en Australie. De 1852 à 1871, le stock d'or mondial double. Cet afflux permet une multiplication de la monnaie et un essor important des banques sous le Second Empire. De grands capitalistes comme les frères Pereire vont profiter de cette conjoncture pour créer un nouveau type de banque : en 1852, ils fondent le Crédit Mobilier, première grande banque d'affaires qui fait appel aux fonds privés pour financer des entreprises variées. Les particuliers se tournent davantage, le personnage de Majorin en témoigne dans *Le Voyage de Monsieur Perrichon*, vers ce type d'investissement qui leur permet d'obtenir des dividendes, c'est-à-dire une participation aux bénéfices de l'entreprise dans laquelle ils ont investi leurs économies. La Bourse se développe aussi (le nombre

Claude Monet, *La Gare Saint-Lazare*, huile sur toile, 1877.

Vivre au temps de M. Perrichon

des valeurs cotées est presque multiplié par trois en vingt ans), tandis que de nombreuses banques apparaissent pour servir d'intermédiaire entre le grand public et le monde du commerce ou de l'industrie : Le Crédit Industriel et Commercial est créé en 1859, le Crédit Lyonnais en 1863, la Société Générale en 1864. La Banque de France se modernise. Des grands magasins naissent à Paris, comme Au Bon Marché, fondé par Aristide Boucicaut en 1852 ; c'est la référence de Zola dans son roman *Au bonheur des dames*.

Dates clés

1852 :
fondation du magasin Au Bon Marché par Aristide Boucicaut.

1850 :
3 000 kilomètres de voies ferrées en France.

1870 :
18 000 kilomètres de voies ferrées en France.

• L'exemple du train

Le Crédit Mobilier des frères Pereire va jouer un rôle important pour financer la construction des nouvelles voies ferrées et réunir les compagnies privées qui se chargeaient de la construction : six grandes compagnies dominées par les grands financiers (les Pereire, les Rothschild) survivent en 1857. Alors qu'en 1850, la France possédait 3 000 kilomètres de voies équipées, elle en comptera 18 000 en 1870. Les principales villes seront reliées et les grands axes achevés. Dans le même temps, profitant de cette impulsion, la production de fonte et d'acier va être multipliée par quatre tandis que la consommation de charbon sera multipliée par trois. Grâce au réseau de chemins de fer, les hommes et les marchandises circulent mieux : le tourisme à la Perrichon se développe, la consommation augmente et les crises alimentaires disparaissent. La France se transforme en profondeur : la création de manufactures de grande taille appelle une main-d'œuvre importante qui quitte les campagnes pour s'installer en ville, dans la précarité et l'indigence le plus souvent. L'exode rural et

Vivre au temps de M. Perrichon

ce que Marx appellerait la « paupérisation » des ouvriers accompagnent le développement industriel. À cette époque, le salaire d'un ouvrier (environ cinq francs par jour, voire moins) évoluera très peu tandis que de véritables fortunes se construiront sur cette prospérité économique qui profite globalement à une bourgeoisie satisfaite.

• **Les grands travaux parisiens**

L'impulsion économique vient aussi de l'État qui, par sa politique de grands travaux, donne un élan aux entreprises privées, en particulier dans le secteur du bâtiment. Il devient, selon la formule de Pereire, « l'État providence du capitalisme ». Sous la conduite d'Haussmann, préfet de la Seine énergique et déterminé (de 1853 à 1870), la physionomie de Paris va changer. Certains quartiers populaires considérés comme insalubres et peu contrôlables en période de révolte sont abattus : c'est le cas autour de Notre-Dame, tandis que les Halles sont entièrement reconstruites par Baltard avec des pavillons modernes de fer, de verre et de fonte. Le réseau d'égouts passe de 150 à 500 kilomètres tandis que des jardins (tels les Buttes-Chaumont ou le parc Monceau, par exemple) et des squares fleurissent. Les bois de Vincennes et de Boulogne sont aménagés. De nouveaux axes sont dégagés, de grandes avenues sont tracées : l'avenue de l'Opéra, le boulevard Sébastopol, les boulevards Saint-Michel et Saint-Germain ou encore la rue de Rennes. Un souci de modernisation, de prestige, mais aussi d'ordre et de contrôle guide ces travaux d'envergure, souci finalement très emblématique de la politique économique menée pendant le Second Empire.

Dates clés

1853-1870 : rénovation de Paris sous la conduite du baron Haussmann.

Panique à la Bourse, caricature d'Honoré Daumier.

**Les grands travaux d'Haussmann.
Le percement de la rue Réaumur
à Paris.**

Texte théâtral et comédie

LE TEXTE THÉÂTRAL

• La dualité du texte théâtral

Un texte théâtral a une double destination qui explique sa dualité formelle. Il est doublement destiné à la lecture et à la scène. Toute représentation sur scène passe par la découverte des échanges entre les personnages : la lecture est donc première. Mais, à quelques rares exceptions près (certaines pièces de Musset par exemple), un texte théâtral est écrit pour la scène : la lecture n'est donc, en pratique comme en théorie, qu'une étape en amont du spectacle. L'action représentée doit aussi être présentée devant des spectateurs.

Le texte théâtral, qui tient compte de cette double destination, est logiquement constitué de deux discours différents. Celui qui est tenu par les personnages compose le dialogue. Les échanges sont constitués de répliques. De la longue tirade à l'interjection, le volume des répliques est très variable.

Le dialogue est complété par un second discours très différent : celui que tient l'auteur en marge des échanges dans les indications scéniques, ou didascalies. Les didascalies concernent la mise en scène et en voix du texte : elles signalent la théâtralité du dialogue et sa destination scénique. Alors que les répliques vont constituer l'action dramatique, les didascalies concernent la représentation de cette action et l'énonciation des répliques sur scène.

Texte théâtral et comédie

• La fonction des didascalies

Un auteur comme Labiche est très sensible à la dimension spectaculaire de ses textes. Il songe à la représentation et il est attentif aux didascalies. Celles-ci sont autant d'indices pour le metteur en scène d'une intention, d'un regard porté par l'auteur sur ses personnages et sur le spectacle qu'il imagine. À la lecture du *Voyage de Monsieur Perrichon*, on peut regrouper les indications scéniques en cinq rubriques et leur attribuer diverses fonctions.

1) Certaines précisent le destinataire particulier d'une réplique (« *à sa femme* », « *s'adressant à l'employé qui est près du guichet* »). Le dialogue théâtral est orienté par l'auteur.

2) Il y a ensuite les didascalies qui précisent la mise en voix du texte, la tonalité des répliques (« *brusquement* », « *avec amertume* », « *avec emphase* »). L'énonciation du texte donne véritablement sa signification à une réplique : c'est en prenant corps et voix, en s'incarnant grâce à l'acteur que les mots vont frapper le spectateur.

3) Certaines indications scéniques concernent davantage la mise en mouvement des acteurs : elles précisent les gestes, les mouvements, les mimiques ou les déplacements (« *se promenant avec impatience* », « *il désigne une affiche à la cantonade* »). Le spectacle théâtral est en effet composé d'un ensemble de signes visuels et physiques qui agrémentent le dialogue.

4) Les didascalies peuvent aussi préciser l'entrée ou la sortie d'un personnage à l'intérieur d'une scène (elles sont nombreuses dans l'acte I, où les personnages s'agitent avant le départ en train). Dans la dramaturgie

Texte théâtral et comédie

classique, l'entrée et la sortie d'un personnage entraînaient un changement de scène. Au XIXe siècle et en particulier dans le théâtre comique, ce principe n'est plus absolu.

5) Enfin, les indications scéniques peuvent concerner les bruitages (« on entend la cloche », « cris et tumulte au dehors »). L'accompagnement sonore du spectacle fait partie de la mise en scène au même titre que le décor, les déplacements des acteurs ou l'élocution.

• La double énonciation du texte théâtral et ses jeux

Si le texte théâtral, sous sa forme écrite, a une double destination, les répliques prononcées sur scène lors d'un spectacle ont un double destinataire : l'acteur ou les acteurs présents qui participent à l'échange, et le spectateur réel, dans la salle, qui écoute le dialogue des acteurs. Ce statut particulier de l'énonciation théâtrale explique un certain nombre de conventions auxquelles un auteur comme Labiche est particulièrement attentif. En effet, l'efficacité du dialogue tient autant à la qualité des répliques qu'aux jeux et aux effets particuliers produits par la double énonciation. Le spectateur a en effet une perception continue du dialogue qui lui donne parfois une connaissance des situations différente de celle qu'auront les personnages.

1) La première convention théâtrale est de ce point de vue le **monologue** ; un personnage seul sur scène prononce à haute voix des propos qui expriment des pensées plus ou moins secrètes. Cette convention correspond au monologue intérieur du roman qui n'extériorise pas sous forme de paroles prononcées

Texte théâtral et comédie

les pensées du personnage. Il s'agit donc d'un cas
particulier puisque la double énonciation disparaît :
l'acteur ne s'adresse qu'aux spectateurs. Le monologue
théâtral est souvent utilisé dans les pièces pour livrer
quelques informations nécessaires à l'exposition ou
à la bonne compréhension de l'intrigue (il a alors une
fonction explicative). Il peut aussi dévoiler les intentions
secrètes ou les réflexions intimes d'un personnage
(c'est ce qu'on pourrait appeler sa fonction dramatique).
Dans chacun des actes du *Voyage de Monsieur Perrichon,*
Labiche utilise des monologues informatifs : Majorin
dans la scène 1 de l'acte I, ou Jean dans la scène 1 de
l'acte III nous apprennent quelques données nécessaires
à la bonne intelligence de l'action. Daniel ou Armand
dans l'acte II, Perrichon dans l'acte III nous donnent, eux,
des exemples de monologues dramatiques quand
ils nous révèlent leurs intentions ou leurs réflexions
au cœur de l'action.

2) La deuxième convention très utilisée par Labiche est
l'**aparté**. Ici encore, la parole prononcée par l'acteur
échappe au dialogue puisqu'elle est destinée au public
et non aux autres acteurs. C'est la présence des autres
acteurs sur scène et la brièveté qui distinguent l'aparté
du monologue. Dans *Le Voyage de Monsieur Perrichon*
ces apartés sont nombreux. Ils remplissent en général
une double fonction : critique et dramatique. Fonction
critique car les apartés constituent souvent des
commentaires ironiques ou désobligeants à l'égard
d'un personnage. Fonction dramatique car les apartés
traduisent également l'embarras d'un personnage
et la situation ambiguë ou problématique dans
laquelle il est placé. Un tableau des apartés présents
dans *Le Voyage* est assez révélateur.

Texte théâtral et comédie

	Joseph	Jean	Henriette	Monsieur Perrichon	Madame Perrichon	Armand	Daniel	Majorin	Le commandant
ACTE I	1	0	0	2	2	1	3	3	0
ACTE II	0	0	0	1	3	4	10	0	0
ACTE III	0	0	2	12	1	0	9	6	0
ACTE IV	0	3	2	11	0	6	5	5	0
TOTAL	1	3	4	26	6	11	27	14	0

Deux remarques s'imposent ici.

– Il n'est guère surprenant de voir figurer M. Perrichon en très bonne place dans ce tableau puisque c'est le personnage le plus présent sur scène (28 scènes sur 42) et celui qui se trouve au centre de l'intrigue. Les apartés remplissent chez lui les deux fonctions : critique et dramatique.

– Il est plus étonnant de voir Daniel (présent dans 24 scènes) figurer en première place dans ce tableau et Majorin en troisième. Un déséquilibre assez net avec les autres personnages apparaît ici : comment le comprendre ? Daniel (d'un point de vue moral) et Majorin (d'un point de vue social) constituent les deux contrepoints critiques qui apportent un regard sans complaisance sur des agissements et la personnalité de M. Perrichon. Bien sûr, dans une optique moralisatrice, on pourrait peut-être dire que le masque de l'aparté (on cache ses propos) traduit un dédoublement hypocrite… Mais ce jugement n'est guère pertinent ici. L'ironie parfois agressive que les deux personnages manifestent à l'égard de M. Perrichon est plutôt un gage de lucidité.

3) La troisième convention théâtrale (fondée sur une situation de méprise énonciative parfois bien réelle) est

Texte théâtral et comédie

le **quiproquo**. Un personnage se méprend sur l'identité d'une personne. Le discours qu'il lui adresse se trompe donc de destinataire. Le quiproquo devient comique parce qu'il est perçu par le spectateur : celui-ci suit en effet le spectacle de façon continue tandis que les personnages s'absentent de scène. Il existe donc un décalage (connaissance-ignorance) que les auteurs de théâtre peuvent exploiter pour créer des effets comiques. Ainsi, dans *Le Voyage de Monsieur Perrichon*, le spectateur connaît le commandant Mathieu depuis l'acte I (scène 7). Il le voit une nouvelle fois dans l'acte II (scène 8). Mais M. Perrichon, lui, ne l'a jamais rencontré. Il le découvre dans l'acte III (scène 9) et se méprend sur son identité.

LA COMÉDIE

• Définition

Le mot comédie a deux sens différents. Il désigne, au sens large, toute pièce de théâtre. Il qualifie aussi un genre opposé, depuis la *Poétique* d'Aristote, à la tragédie. On peut retenir trois critères qui distinguent les deux genres.

– Le **rang des personnages** : alors que la tragédie utilise traditionnellement des personnages ayant un rang social élevé (de préférence des politiques, des aristocrates, des personnages appartenant à la mythologie), la comédie emploie des personnages de rang social inférieur. On y rencontre des bourgeois et des membres de classes populaires. Le langage pratiqué dans la comédie peut être plus proche du langage parlé alors que la tragédie utilise souvent une stylisation rhétorique et une langue sophistiquée.

Texte théâtral et comédie

– La **nature de l'action** : alors que la mort plane sur l'univers de la tragédie et sanctionne bon nombre de dénouements, l'intrigue de la comédie est souvent sentimentale. La comédie résout les conflits et aboutit en général à un dénouement heureux que le mariage symbolise.

– La **finalité du spectacle** : si la tragédie doit émouvoir, la comédie doit faire rire et sourire. Depuis l'Antiquité, on assigne à ce rire une fonction critique et morale : le spectacle des ridicules doit éviter au spectateur de sombrer dans les mêmes travers. Il doit lui donner une lucidité et une conscience nouvelle des défauts humains. La comédie « corrige les mœurs par le rire » selon les latins *(castigat ridendo mores)* et Molière confirme : « l'emploi de la comédie est de corriger les vices des hommes » (préface de *Tartuffe*).

• Vaudeville et comédie

Depuis la monarchie de Juillet et jusqu'aux années 1860, deux genres comiques dominent les scènes parisiennes : le vaudeville et la comédie littéraire. Le vaudeville est une comédie d'intrigue dans laquelle les dialogues alternent avec des couplets chantés sur des airs souvent connus. Elle s'aventure parfois sur les terrains anciens de la farce grivoise et du comique scabreux tout en utilisant un langage parlé très efficace qui conquiert un large public à cette époque. La comédie littéraire, représentée principalement à la Comédie-Française, utilise une prose soutenue et, dans la grande tradition de Molière, de Marivaux ou de Beaumarchais, elle explore des caractères ou s'attache aux mœurs contemporaines. Labiche, après Scribe quelques années

Texte théâtral et comédie

auparavant, s'illustre d'abord par des vaudevilles
endiablés. Il construit des intrigues toujours pleines
de rebondissements, de quiproquos, d'allusions et
de jeux de mots qu'il agrémente de couplets : le succès
du *Chapeau de paille d'Italie* témoigne de ce talent.
Le public est conquis. Mais Labiche aspire aussi à une
reconnaissance littéraire que la comédie littéraire jouée
au Théâtre-Français peut seule procurer. Dans les années
qui précèdent *Le Voyage de Monsieur Perrichon*, les
couplets chantés se font plus rares. Labiche s'essaie
à une comédie plus élaborée.

– La **comédie d'intrigue** : on distingue en général
trois sous-genres à l'intérieur de la comédie. La comédie
d'intrigue exploitée par les vaudevilles joyeux est
fondée sur des rebondissements multiples dans la
grande tradition des canevas de la *commedia dell'arte*
italienne : déguisements, surprises et méprises,
irruptions inattendues et situations embarrassantes,
confusions et révélations comiques d'identités
l'agrémentent. Si Labiche excelle dans ce genre,
Le Voyage de Monsieur Perrichon n'appartient pas
vraiment à cette tradition.

– La **comédie de caractères** : on peut en revanche
rattacher la pièce à la comédie de caractères. Celle-ci
dépeint les ridicules d'un homme qui incarne,
emblématise et caricature un défaut humain. Molière
avait ainsi créé *L'Avare*, *Le Misanthrope* ou encore
Tartuffe, autant de portraits des vices humains. Avec
Le Voyage de Monsieur Perrichon, « nous nous trouvons
en pleine analyse humaine », écrivait Zola : la dimension
moraliste et critique de la pièce est notamment
présente dans les discours tenus par Daniel qui

Texte théâtral et comédie

entretient ici une complicité de point de vue évidente avec Labiche lui-même. Ce n'est pas un hasard si c'est Daniel qui prononce la maxime morale que Labiche avait notée dans ses *Carnets*, maxime qui est aussi à l'origine du projet.

– La **comédie de mœurs** : il existait enfin une troisième tradition plus satirique encore, celle de la comédie de mœurs. Celle-ci a pour ambition de montrer les mœurs et pratiques sociales contemporaines. On peut lire *Le Voyage de Monsieur Perrichon* de cette façon et voir dans le personnage principal l'incarnation quelque peu ridicule du bourgeois triomphant sous le Second Empire. Labiche nous y invite quand il évoque son théâtre (voir l'introduction pp. 5-6). L'importance de l'argent dans la pièce et le regard critique non dénué de ressentiment social qu'apporte le personnage de Majorin sont deux éléments qui confirment cette dimension. D'une certaine façon, la pièce de Labiche combine les deux traditions : c'est peut-être ce qui explique son succès et sa modernité.

Groupement de textes :
Physionomies bourgeoises du XIXᵉ siècle

Depuis Molière qui dénonçait le ridicule des bourgeois enrichis rêvant de rejoindre l'ordre aristocrate *(Le Bourgeois gentilhomme)*, le bourgeois est raillé pour ses prétentions, sa passion de l'argent ou son goût pour l'ostentation. La Révolution française n'a fait qu'accroître et confirmer le pouvoir de cette bourgeoisie qui continue à rêver d'honneurs, de titres et de distinctions aristocratiques : la noblesse conserve le prestige social d'une élite que les riches bourgeois convoitent. Figure triomphante de la monarchie de Juillet puis du Second Empire, le bourgeois fortuné manifeste souvent un goût du luxe qui doit signifier, aux yeux de tous, sa réussite sociale. Pour les romantiques et les poètes du XIXᵉ siècle, il devient le symbole de l'esprit conformiste, trivial et autosatisfait, un anti-héros comique et un anti-poète quand il n'est pas l'emblème de l'ennui et de la médiocrité. Le bourgeois devient une sorte de « mythe bouffon » à l'époque de Labiche : comme l'écrit Henry Gidel, le grand spécialiste du vaudeville, on se moque alors de cet individu « terre à terre, fermé aux arts comme aux lettres, exclusivement attaché aux biens matériels par opposition non pas au prolétaire (cette distinction apparaîtra cependant avec Zola) ou au noble (un des thèmes traités quelques années plus tard par Proust), mais à l'artiste ».

Physionomies bourgeoises du XIXe siècle

EUGÉNIE GRANDET, D'HONORÉ DE BALZAC

Paru en 1833, le roman *Eugénie Grandet* s'intégrera, quelques années plus tard, dans *La Comédie humaine*. Ce vaste cycle romanesque est conçu par Balzac pour décrire les mœurs et les mentalités de son époque et retracer l'évolution sociohistorique depuis la Révolution française. Au total, cette fresque comprendra 95 romans. *Eugénie Grandet* s'insère dans les « scènes de la vie de province » : Balzac y retrace, dans les premières pages, l'ascension fulgurante d'un notable provincial qui sut profiter de la Révolution de 1789 pour s'enrichir. Grâce à l'achat de « biens nationaux », en effet, des fortunes se constituèrent rapidement. Le père Grandet, emblème du bourgeois de province, veille avidement à l'accroissement obsessionnel de son patrimoine et fait preuve d'un opportunisme affairiste qui assurera sa fortune.

Monsieur Grandet jouissait à Saumur d'une réputation dont les causes et les effets ne seront pas entièrement compris par les personnes qui n'ont point, peu ou prou, vécu en province. Monsieur Grandet, encore nommé par certaines gens le père Grandet, mais le nombre de ces vieillards diminuait sensiblement, était en 1789 un maître-tonnelier fort à son aise, sachant lire, écrire et compter. Dès que la République française mit en vente, dans l'arrondissement de Saumur, les biens du clergé[1], le tonnelier, alors âgé de quarante ans, venait d'épouser la fille d'un riche marchand de planches. Grandet alla, muni de sa fortune liquide et de la dot, muni de deux mille louis d'or, au district[2], où, moyennant deux cents doubles louis offerts par son beau-père au farouche républicain qui surveillait la vente des domaines nationaux, il eut pour un morceau de pain, légalement, sinon légitimement, les plus beaux vignobles de l'arrondissement, une vieille abbaye et quelques métairies. Les habitants de Saumur étant peu révolutionnaires, le père Grandet passa pour un homme hardi, un républicain, un patriote, pour un esprit qui donnait dans les nouvelles idées, tandis que le

Groupement de textes

tonnelier donnait tout bonnement dans les vignes. Il fut nommé membre de l'administration du district de Saumur, et son influence pacifique s'y fit sentir politiquement et commercialement. Politiquement, il protégea les ci-devant[3] et empêcha de tout son pouvoir la vente des biens des émigrés[4] ; commercialement, il fournit aux armées républicaines un ou deux milliers de pièces de vin blanc, et se fit payer en superbes prairies dépendant d'une communauté de femmes que l'on avait réservée pour un dernier lot. Sous le Consulat[5], le bonhomme Grandet devint maire, administra sagement, vendangea mieux encore ; sous l'Empire, il fut monsieur Grandet.

Honoré de Balzac, *Eugénie Grandet*, 1833.

---

1. les biens du clergé : la vente des biens du clergé débuta en 1791 (décrets du 2 novembre 1789 et du 14 mai 1790).

2. district : subdivision du département établie par la loi du 22 décembre 1789.

3. ci-devant : nom révolutionnaire donné aux nobles.

4. émigrés : nobles ayant fui le territoire français.

5. Consulat : gouvernement de la France de 1799 à 1804.

LE BARON DE FOURCHEVIF, D'EUGÈNE LABICHE

Alors que la Révolution française a aboli tous les privilèges de la noblesse, l'aristocratie continue à faire rêver les bourgeois enrichis… comme à l'époque de Molière. Le baron de Fourchevif est une sorte de « bourgeois gentilhomme ». Monsieur Potard, marchand de porcelaine parisien, a acheté un château dans le Dauphiné. Avec sa femme, ils ont décidé de se parer du titre nobiliaire qui seyait au décor. Désormais, monsieur Potard sera le baron de Fourchevif… Jusqu'au jour où se présente un peintre qui prétend être l'ultime descendant de la dynastie des Fourchevif. Comédie satirique sur les rêves de prestige et les vanités mondaines des nouveaux riches, la pièce *Le Baron de Fourchevif* est créée en 1859, quelques mois seulement avant *Le Voyage de Monsieur Perrichon*.

Physionomies bourgeoises du XIXᵉ siècle

FOURCHEVIF – Nous voilà seuls, j'ai à te parler ; c'est très important. *(Ils s'asseyent à droite.)* M. Jules Dandrin m'a fait demander ce matin, par son père, la main d'Adèle.

LA BARONNE – Eh bien, je m'en doutais.

FOURCHEVIF – Voyons, il faut causer de ça ; qu'est-ce que tu en penses ?

LA BARONNE – Ce n'est pas si pressé, Adèle n'a pas dix-huit ans.

FOURCHEVIF – Encore faut-il répondre ! C'est un excellent parti. Les Dandrin ont la plus belle raffinerie de betteraves du département. Sais-tu le chiffre de leur dernier inventaire ? Cent soixante-quatre mille trois cent trente-deux, zéro cinq ! voilà ce que j'appelle un inventaire.

LA BARONNE – Sans doute… sans doute.

FOURCHEVIF – Quoi, sans doute ? ce n'est pas un bel inventaire ?

LA BARONNE – Si, mais Dandrin… Dandrin… c'est bien court ; il n'est pas noble.

FOURCHEVIF – Eh bien, et nous ?

LA BARONNE, *effrayée* – Chut ! tais-toi donc.

FOURCHEVIF – Sois donc tranquille, il n'y a personne. Mais tu oublies toujours que je m'appelle Potard, et toi… par conséquent madame Potard.

LA BARONNE – Mon ami !

FOURCHEVIF – Et que nous avons vendu de la porcelaine rue de Paradis-Poissonnière, 22. Et je m'en vante… Tout bas, par exemple.

LA BARONNE – Vous êtes insupportable avec vos souvenirs.

FOURCHEVIF – Puisqu'il n'y a personne.

LA BARONNE – Quelle nécessité y a-t-il de venir exhumer après dix-huit ans ce nom ?…

FOURCHEVIF – C'est connu ! lorsque nous avons acheté, il y a dix-huit ans, la terre de Fourchevif, tu m'as dit, en visitant le château… tiens, nous étions dans la seconde tourelle ! tu m'as dit : « Il est impossible d'habiter ça et de s'appeler Potard. » Je t'ai répondu : « C'est vrai, ça grimace… » Alors nous nous sommes mis à chercher un nom, et, à force de chercher, nous avons trouvé celui de Fourchevif, qui était là, par terre, à rien faire.

Eugène Labiche, *Le Baron de Fourchevif*, 1859.

Groupement de textes

MONSIEUR PRUDHOMME, DE PAUL VERLAINE

Pour Verlaine, qui hérite dans ce poème de jeunesse de
l'idéologie romantique (il a 22 ans quand il le compose),
le bourgeois est l'antipoète. D'un côté l'indifférence
à la beauté, le confort, le conformisme, l'obsession de l'argent,
de l'autre la bohème, l'originalité, le goût pour les mots
et les arts. *Monsieur Prudhomme* est la caricature qu'avait
inventée le dessinateur et homme de lettres Henri Monnier
pour se moquer des bourgeois incultes et vaniteux.
En insérant ce texte dans les *Poèmes saturniens*, Paul
Verlaine lui rend hommage et il reprend sa veine satirique.

Monsieur Prudhomme

Il est grave : il est maire et père de famille.
Son faux-col engloutit son oreille. Ses yeux
Dans un rêve sans fin flottent insoucieux,
Et le printemps en fleur sur ses pantoufles brille.

Que lui fait l'astre d'or, que lui fait la charmille[1]
Où l'oiseau chante à l'ombre, et que lui font les cieux,
Et les prés verts et les gazons silencieux ?
Monsieur Prudhomme songe à marier sa fille

Avec monsieur Machin, un jeune homme cossu.
Il est juste milieu, botaniste et pansu.
Quant aux faiseurs de vers, ces vauriens, ces maroufles[2],

Ces fainéants barbus, mal peignés, il les a
Plus en horreur que son éternel coryza[3],
Et le printemps en fleur brille sur ses pantoufles.

Paul Verlaine, « Caprices n°V », *Poèmes saturniens*, 1866.

---

1. charmille : berceau
de verdure.

2. maroufle : terme
méprisant pour désigner
un homme grossier.

3. coryza : rhume
de cerveau.

Physionomies bourgeoises du XIXᵉ siècle

GERMINAL, D'ÉMILE ZOLA

Publié en 1885, le roman *Germinal* s'intègre dans le cycle
des Rougon-Macquart qui, à travers une vingtaine de livres,
retrace l'histoire du Second Empire depuis le coup d'État
du 2 décembre 1851 jusqu'à la Commune de Paris, en 1871.
Dans ce roman, la famille Grégoire, qui bénéficie de rentes
confortables, symbolise les nantis oisifs et aisés, satisfaits des
progrès économiques, du régime politique et de leur statut.
Inconscients de la misère et des conditions de vie misérables
qui caractérisent les familles de mineurs, les Grégoire, eux,
mangent à leur faim et vivent tranquillement, avec l'assurance
orgueilleuse que confère parfois le sentiment d'être
à l'abri des besoins, de la précarité et des drames.

Du reste, les bonheurs pleuvaient sur cette maison.
M. Grégoire, très jeune, avait épousé la fille d'un pharmacien
de Marchiennes, une demoiselle laide, sans un sou, qu'il
adorait et qui lui avait tout rendu, en félicité. Elle s'était
enfermée dans son ménage, extasiée devant son mari, n'ayant
d'autre volonté que la sienne ; jamais des goûts différents ne
les séparaient, un même idéal de bien-être confondait leurs
désirs ; et ils vivaient ainsi depuis quarante ans, de tendresse et
de petits soins réciproques. C'était une existence réglée, les
quarante mille francs mangés sans bruit, les économies
dépensées pour Cécile, dont la naissance tardive avait un
instant bouleversé le budget. Aujourd'hui encore, ils
contentaient chacun de ses caprices : un second cheval, deux
autres voitures, des toilettes venues de Paris. Mais ils goûtaient
là une joie de plus, ils ne trouvaient rien de trop beau pour
leur fille, avec une telle horreur personnelle de l'étalage, qu'ils
avaient gardé les modes de leur jeunesse. Toute dépense qui ne
profitait pas leur semblait stupide.
Brusquement, la porte s'ouvrit, et une voix forte cria :
– Eh bien ! quoi donc, on déjeune sans moi !

Groupement de textes

C'était Cécile, au saut du lit, les yeux gonflés de sommeil. Elle avait simplement relevé ses cheveux et passé un peignoir de laine blanche.

– Mais non, dit la mère, tu vois qu'on t'attendait… Hein ? ce vent a dû t'empêcher de dormir, pauvre mignonne !

La jeune fille la regarda, très surprise.

– Il a fait du vent ?… Je n'en sais rien, je n'ai pas bougé de la nuit.

Alors, cela leur sembla drôle, tous les trois se mirent à rire ; et les bonnes, qui apportaient le déjeuner, éclatèrent aussi, tellement l'idée que Mademoiselle avait dormi d'un trait ses douze heures égayait la maison. La vue de la brioche acheva d'épanouir les visages.

– Comment ! elle est donc cuite ? répétait Cécile. En voilà une attrape[1] qu'on me fait !… C'est ça qui va être bon, tout chaud, dans le chocolat !

Émile Zola, *Germinal*, 1885.

_____

1. attrape : farce.

À LA MUSIQUE, D'ARTHUR RIMBAUD

En août 1870, Rimbaud, alors âgé de 15 ans, décide de fuir sa famille et sa ville natale, Charleville, jugée « supérieurement idiote entre les villes de province ». *À la Musique* date de juillet 1870, époque d'effervescence et de révolte durant laquelle le jeune poète se pose comme l'antibourgeois et l'anticonformiste, le critique radical d'un monde statique, figé, mesquin qu'il ne peut supporter. L'insolence et la rébellion se lisent dans la puissance caricaturale des premières strophes.

Physionomies bourgeoises du XIXe siècle

À la musique

Place de la gare, à Charleville.

Sur la place taillée en mesquines[1] pelouses,
Square où tout est correct, les arbres et les fleurs,
Tous les bourgeois poussifs qu'étranglent les chaleurs
Portent, les jeudis soirs, leurs bêtises jalouses

– L'orchestre militaire, au milieu du jardin,
Balance ses schakos[2] dans la *Valse des fifres* :
– Autour, aux premiers rangs, parade le gandin[3],
Le notaire pend à ses breloques à chiffres[4]

Des rentiers à lorgnons soulignent tous les couacs :
Les gros bureaux[5] bouffis traînent leurs grosses dames
Auprès desquelles vont, officieux cornacs[6],
Celles dont les volants ont des airs de réclames ;

Sur les bancs verts, des clubs d'épiciers retraités
Qui tisonnent le sable avec leur canne à pomme,
Fort sérieusement discutent les traités,
Puis prisent en argent[7], et reprennent : « En somme !… »

Épatant[8] sur son banc les rondeurs de ses reins,
Un bourgeois à boutons clairs, bedaine flamande,
Savoure son onnaing[9] d'où le tabac par brins
Déborde – vous savez, c'est de la contrebande ; –
[…]

Arthur Rimbaud, Cahiers de Douai, 1870.

---

1. mesquines : petites, étriquées.

2. schakos : coiffures militaires.

3. gandin : jeune homme élégant et prétentieux.

4. breloques à chiffres : petits objets gravés aux initiales du propriétaire et suspendus à une chaîne de montre.

5. bureaux : employés de bureau.

6. cornacs : ceux qui prennent soin des éléphants.

7. prisent en argent : aspirent du tabac dans leurs tabatières en argent.

8. épatant : étalant.

9. onnaing : pipe fabriquée à Onnaing.

Les Bons Bourgeois, lithographie d'Honoré Daumier, publiée dans *Le Charivari* du 26 novembre 1847.

Bibliographie et filmographie

ŒUVRES DE LABICHE

Un chapeau de paille d'Italie et *La cagnotte* sont édités par le Livre de Poche, ainsi que *Le Voyage de Monsieur Perrichon*. Les œuvres de Labiche sont publiées en « Classiques Garnier » chez Bordas (1991). Il s'agit d'une sélection de pièces en trois volumes présentées par Henry Gidel.

PIÈCES THÉÂTRALES DU XIXE SIÈCLE OU DU DÉBUT DU XXE SIÈCLE

– Jean Anouilh, *Antigone*, La Table Ronde, 1947.
– Georges Courteline, *Messieurs les ronds de cuir*, Flammarion, 2001.
– Georges Courteline, *Théâtre à lire, théâtre à jouer*, Medium Poche, L'École des loisirs, 2001.
– Georges Feydeau, *Le Dindon*, Le Livre de Poche, 1989.
– Georges Feydeau, *Occupe-toi d'Amélie*, coll. « Classiques », Hachette Éducation, 1995.
– Jean Giraudoux, *La Guerre de Troie n'aura pas lieu*, Le Livre de poche, 1972.
– Victor Hugo, *Ruy Blas*, coll. « Bibliolycée », Hachette Éducation, 1996.
– Alfred Jarry, *Ubu Roi*, coll. « Étonnants Classiques », Garnier Flammarion, 1999.
– Alfred de Musset, *On ne badine pas avec l'amour*, coll. « Classiques », Hachette Éducation, 1993.
– Alfred de Musset, *Lorenzaccio*, coll. « Classiques », Hachette Éducation, 1991.

Bibliographie et filmographie

– Jules Romains, *Knock ou le triomphe de la médecine*,
Gallimard, 1993.
– Edmond Rostand, *Cyrano de Bergerac*,
coll. « Classiques », Hachette Éducation, 1997.
– Anton Tchekhov, *Ivanov* et *La Mouette*, Flammarion,
2001.
– Anton Tchekhov, *La Cerisaie*, coll. « Classiques »,
Hachette Éducation, 1991.
– Roger Vitrac , *Victor ou les enfants au pouvoir*,
Gallimard, 2000.

FILMOGRAPHIE

– *Le Voyage de Monsieur Perrichon*, d'Eugène Labiche,
mise en scène de Jean-Luc Moreau, DVD Alcome
Distribution, 2001.